ケーススタディ
図解 自治体政策法務

こんなときどうする 行政課題の解決法

監修 **鈴木庸夫** 明治学院大学法科大学院教授
（千葉大学名誉教授）

編著 **新保浩一郎** 元千葉県総務部政策法務課長

ぎょうせい

監修のことば

　政策法務を図解化するにはかなりの勇気と能力がいる。各分野のストーリーや概念とかが、かなりの程度明確でなければならないからだ。しかも実際書いてみると、矢印がクロスしたり、重なりあったりして出来の悪い図解が出来上がる。私も学生たちに理解してもらおうと四苦八苦しているが、講義の途中で、なぜこんなフローチャートを書いてしまったかと、驚いたり、後悔したりする。かすかにおちこむことさえある。

　私の持っているフローチャート化の本（ちゃんと持っている）によると、タテ、ヨコの ➡（矢印）形式やツリー状の図、フローチャートが書けるのは、メッセージが論理的でかつ必要な場合とある。なるほど論理的なものは、各要素に分け、それを体系的に関連付けることができるので、図解にぴったり、ということになる。

　問題は、政策法務に関する概念やその手法について、論理的な展開に一致がないことである。自治体行政なら何でも政策法務だ、などという暴論はともかく、政策という極めて政治的な事柄と法務という体系的技術的な事柄を無理やり結び付けたこの用語を定義することは、水と油のようでほとんど不可能に近い。初心者がわからないのも無理はないのである。

　しかし、自治体で永年法務を担当してきた人々にとって、「政策法務」という用語は、案外、魅惑的なのである。法務オタクにも光がさして、なんだか脚光を浴びるような気がするし、文書事務の一環でしかなかった法務もこんなに重要で、施策上も大きな役割を果たすことができるという自負心もわいてくる。

　本書は、以上のような政策法務についての背景のもとに企画され、作成された。編者である新保浩一郎氏は、私が初めて千葉県庁に政策法務を持ち込んだとき、「立法事実ですね」と答えた強者である。彼は、定義よりも技術のほうを採ったのだ。政策法務は、論理的というより技法といったほうが判りやすいし、それを磨く手法も明らかになる。技法なら習得ということも可能であるし、慣れて来れば、独自の発想も可能となる。政策法務は習うよりも慣れることのほうが本筋である。本書はこうした発想に立ってかなりの試行錯誤を繰り返してできた作品である。自治体の立法及び解釈技法の本として定着することを祈りたい。

平成 28 年 7 月　　　　　　　　　　　　　　　　　明治学院大学教授・弁護士

　　　　　　　　　　　　　　　　　　　　　　　　　　　　鈴木　庸夫

はじめに
自治体政策法務と本書の構成

1　自治体政策法務

本書は、自治体政策法務に関する現場からの実践的な報告を目指した。

政策法務の一般的な定義は「法を政策（問題解決のためのシナリオ）の実現のための手段として活用すること」とされている。[*1]

現状において自治体が直面している困難は、法治主義に照らして問題がある事案への対処に組織的統制が及びにくいことにある。[*2] これは、自治体職員だけを責められる問題ではない。自治体職員は、「法令等（中略）に従う義務（地方公務員法32条）」を要求されているが、「法令等」の内容は、結局のところ解釈を必要とし、最終的には裁判所が判断する。

法を執行する段階の運用法務においてだけでなく、条例を策定する立法法務における法解釈も含めて、自治体は行政主体としての法解釈を裁判所に先行して行わなければならない。

この際、自治体職員は、問題となるケースをよく研究して、類型化し、類似のケースに当てはまる法規範を探して、事実との間の視線の往復をしながら法を解釈する（又は立法の場合は解釈した上で法を創造する。）ことになる。裁判所より前に問題解決を迫られるから、自治体職員は、道なき荒野を行くが如き状態になる。この「事実との間の視線の往復」プロセスが「政策法務」である。医学における病気の診断になぞらえることもできそうであるが、医学のように確立した診断法があるわけではなく、自治体ごとに異なる状況への独自の解答を導き出す必要に迫られることも多い（図1）。

図1

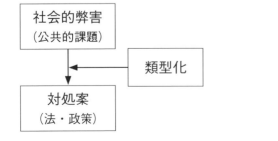
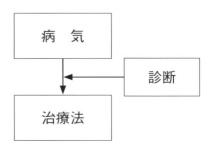

これは既存の法と現実の間には法の成立後、時間の経過によって必然的にギャップができ、自治体はそのギャップになんらかの手当をしなければならないことが背景にある。第一次分権改革後の自治体の事務は、機関委任事務の消滅に伴い、国の省庁からの技術的助言を参考にしつつも、法定受託事務も含め、すべてを自治体の事務として処理しているからである。簡単にいえば、現在の自治体は、法律や省庁の通知等がないことをもって社会的弊害のある事態に対処しない理由にできない状況に置かれている。

　地方自治法2条12項が要求するように、地方公共団体に関する法令の規定は、地方自治の本旨に基づいて、かつ、国と地方公共団体との適切な役割分担を踏まえて、これを解釈し、及び運用するようにしなければならないのであるから、国の省庁が示す法解釈が常に正しいとは限らず、自治体は直面する新しい事態に対して、国の解釈を参考としながらも自らの責任で法解釈の選択を迫られる。

　この点に、現場のニーズに常に適合的に法を解釈し、場合によっては地域の必要に応じて条例を立法して補っていくという、自治体にとっての政策法務の必要性があるといえる。図解すれば次のようになる。

図2

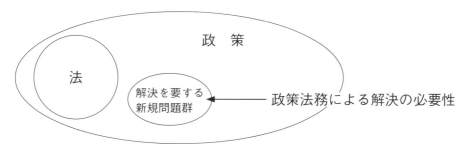

・法は政策の一部である（政策でない法はありえない。）
・法の外に立法当時想定していない新たな問題が発生する。
・新たな問題群への対処方法としては次の二つがある。
　①解釈・運用法務
　②立法法務
・訟務や予防法務は、政策法務の訴訟リスクを減少させる作用である。

---

*1　政策法務研究会編（鈴木庸夫編集代表）政策法務の理論と実践（加除式）第一法規2003年5頁は「国（中央政府）、自治体（都道府県・市町村）が、それぞれの所管する事務について独自の政策（問題解決のためのシナリオ）を、立法法務、解釈・運用法務（執行法務）、争訟法務として展開すること」としている。
*2　神崎一郎「『政策法務』試論（一）—自治体と国のパララックス」自治研究85巻2号111頁（平成21年2月）では、同趣旨の内容であるが、法務管理が徹底しないと表現されている。

2 本書の構成

 実務としての政策法務は、2000年の第一次分権改革後は機関委任事務の廃止により、その領域が広がり、理論だけではなく実践も積んできた。現段階は、実践としての政策法務を整理して「政策法務各論」を用意できる段階にあると考える。

 その際、政策法務の性格として、ニーズの発生する現場を担当する職員が中心となって、首長を始めとする自治体を管理する職員、自治体議員、住民等の理解を得て、場合によっては共に考えながら仕事を進めることが必要となる。ところが、当事者の大半は必ずしも法律の専門家ではない。このため、図や写真を多くして、実務上の必要から図や写真を作成するときの参考に資することも意図している。

 政策法務の実践といっても、その根底には憲法学や行政法学の蓄積を踏まえる必要がある。政策法務の実例は、憲法適合的であるとともに、行政法規とも抵触しないように設計されている。その意味で、法科大学院や法学部の学生にとっても、自治体における法律実務の実際が形として見える教材としての利用価値もあると思っている。

 本書は、基本的に人の一生に沿って発生する事柄を時系列的に拾って構成した。電子政府（e-Gov）における個人向け手続き分類がライフイベントに沿って作成されていることに倣ったものである。第1章から終章までの流れを概観すると以下のようになる。

 第1章は出生である。人の一生は出生に始まるが、本書ではその前の妊娠の段階から取り上げることにした。まず、1では「母子健康手帳」をとり上げた。その原型は、昭和17年に作られたということであり、背景も含め歴史的にも興味深い。出生後は、出生届を行って、住民票との付き合いが始まる。本書では、3の「住民票」で制度全体を俯瞰するとともに、転入届の不受理をめぐる最高裁判例を取り上げた。また2では、現代において社会問題となっている保育所入所申請をとり上げている。

 第2章は社会保障である。1、2はそれぞれ国民年金と介護保険の仕組みである。また、3では条例による「貧困ビジネス」対策を取り上げた。

 第3章は健康・環境衛生である。最初は、1の「ふぐ中毒を防止するための規制」である。人が生活する上で食品の安全は欠かすことができない。さらに、コラム①で生活環境の問題として代表的な犬の飼育の問題を取り上げた。最近ではペット霊

園が問題となることもあるので、2で条例によるペット霊園規制の実例を取り上げた。環境衛生の観点から、3で埋葬と火葬の許可を取り上げるとともに、コラム②で散骨の問題にも触れた。4は、生活環境を脅かす産業廃棄物の不法投棄対策を条例で行った例である。条例制定後の不法投棄の動向も追跡し、効果を検証した。

第4章は公共施設の利用である。1では、プレジャーボートの河川等における不法係留対策を即時強制手法によって解決した条例を示した。また公共施設に限らないが、2では受動喫煙防止対策として神奈川県の条例による試みを紹介した。コラム③では指定管理者制度、コラム④では自治体による放置自転車対策を取り上げた。

第5章は土地・住宅である。1では、宅地建物取引業者に対する行政の関与を取り上げた。2では、斜面地マンションを取り上げ、良好な住居の環境の保護を目的とした横須賀市斜面地建築物の構造の制限に関する条例を基に検討した。3の農地転用と農振除外については、少し視野を広げて、農地法と農振法を取り上げ、街づくりと農地の関係を概観した。コラム⑤では、自治紛争処理委員と農振除外の問題を取り上げた。

第6章は災害である。東日本大震災後、災害対策法制が見直されている。そこで1では災害に関する代表的な法律を取り上げた。コラム⑥では「箕面市災害時における特別対応に関する条例」と震災緩和を、コラム⑦では「行政機関に係る代行制度に関する覚書～東日本大震災対策立法を契機に」と題して、それぞれ論究した。

第7章は行政と住民である。1では、補助金制度を取り上げた。特に国の場合は補助金適正化法により、補助金交付は処分とされているが、自治体の場合は、負担付贈与契約と整理されている点が重要である。2は行政手続制度、3は行政への不服申立制度の仕組みである。不服申立制度については平成26年改正を踏まえたものとなっている。コラム⑧は「民による行政と国家賠償」として、指定確認検査機関の検査瑕疵の責任が特定行政庁等に及ぶことを示した。4は住民訴訟制度、5は情報公開、コラム⑨は個人情報保護制度である。6では滞納処分を、7では法人、特に公益法人とNPO法人についてまとめた。

平成28年7月

新保　浩一郎

目　次

第1章　出　生
1. 母子健康手帳 …………………………………………………………………… 1
2. 保育所入所申請 ………………………………………………………………… 5
3. 住民票 …………………………………………………………………………… 10

第2章　社会保障
1. 国民年金の仕組み ……………………………………………………………… 14
2. 介護保険の仕組み ……………………………………………………………… 21
3. 生活保護法を悪用する「貧困ビジネス」対策 ……………………………… 28

第3章　健康・環境衛生
1. ふぐ中毒を防止するための規制 ……………………………………………… 34
   column ①　ペット（犬）の無責任な飼養 ………………………………… 40
2. ペット霊園の設置・管理の規制 ……………………………………………… 43
3. 埋葬と火葬の許可 ……………………………………………………………… 48
   column ②　散骨と埋葬 ……………………………………………………… 56
4. 産業廃棄物の不法投棄対策 …………………………………………………… 58

第4章　公共施設の利用
1. プレジャーボートの河川等における不法係留対策 ………………………… 69
   column ③　公の施設と指定管理者制度 …………………………………… 75
2. 受動喫煙防止対策　神奈川県の試み ………………………………………… 79
   column ④　自治体による放置自転車対策 ………………………………… 84

第5章　土地・住宅
1. 宅地建物取引業者に対する行政の関与 ……………………………………… 88
2. 斜面地マンション ……………………………………………………………… 92
3. 農地とまちづくり～農地転用と農振除外～ ………………………………… 97

column ⑤　自治紛争処理委員と農振除外の問題 …………………………… 106

第6章　災害

　1　災害対策法制 ……………………………………………………………… 109
　　　column ⑥　「箕面市災害時における特別対応に関する条例」と震災緩和 … 125
　　　column ⑦　行政機関による代行に関する覚書〜東日本大震災の対策
　　　　　　　　立法を契機に ……………………………………………… 130

第7章　行政と住民

　1　国や地方自治体による補助金制度──給付による行政目的の遂行 …………… 133
　2　行政手続制度の仕組み …………………………………………………… 143
　3　行政への不服申立制度の仕組み ………………………………………… 151
　　　column ⑧　民による行政と国家賠償（指定確認検査機関の場合） ……… 163
　4　住民訴訟制度──住民自身による地方公共団体の財務の監視・是正制度 …… 166
　5　地方自治体における情報公開 …………………………………………… 176
　　　column ⑨　個人情報保護制度 …………………………………………… 184
　6　国民健康保険料の滞納処分 ……………………………………………… 193
　7　法人（公益法人とNPO法人） …………………………………………… 204

用語索引／217
判例年月日索引／221
チャート図一覧／222

執筆者一覧（五十音順）

牛山　敦	衆議院法制局第五部第二課（第6章コラム⑦）	
大石　貴司	横須賀市こども育成部こども施設指導監査課　課長補佐（第1章3、第5章2）	
塩浜　克也	佐倉市総務部行政管理課（第2章1、2）	
新保　浩一郎	元千葉県総務部政策法務課長（第2章3、第3章コラム②及び④、第6章コラム⑥、第7章コラム⑧）	
勢川　正晃	浦安市総務部総務課政策法務室　主任主事（第1章1、2）	
髙梨　みちえ	千葉県総務部政策法務課長（第7章1、3、4）	
田島　紘一郎	フェアネス法律事務所　弁護士（第6章1）	
田中　学	千葉市人事委員会事務局次長補佐（第7章5、6及びコラム⑨）	
帖佐　直美	流山市総務部総務課政策法務室長（弁護士）（第4章2及びコラム④）	
深山　秀文	千葉市議会事務局次長（第3章3、第4章コラム③）	
山本　博史	千葉県環境生活部産業廃棄物課　副主幹（第3章1及びコラム①、第4章1、第7章2）	
鑓水　三千男	元千葉県労働委員会事務局次長（第3章2、第5章1、3及びコラム⑤、第7章7）	

第1章 出 生

1 母子健康手帳

■母子健康手帳

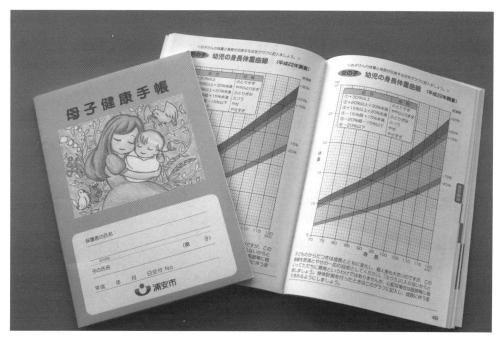

写真　浦安市母子健康手帳（提供：浦安市）

前提となる基礎知識

1 母子健康手帳の定義及び構成

母子健康手帳とは、母子保健法に規定されている市町村が交付事務を行う手帳のことである。根拠法は母子保健法である。

その構成は、①前半部分が省令様式、②後半部分が任意記載事項様式となっている。

①省令様式は、母子保健法施行規則7条において様式が定められているものである。原則として各自治体で同内容の様式となっており、妊娠や出産の記録・子の成長発達の記録等を記入することができる。

一方、②任意記載事項様式は、厚生労働省からの通知によって作成例が示されて

いるものである。こちらも、母子保健法施行規則7条において省令様式のほかに、日常生活上の注意、育児上の注意等を別に定めるものとされている。主だった内容としては、子の成長曲線、子育てを行う上での注意事項、予防接種に関する情報等が挙げられる。もっとも、各市町村ごとに独自の記載内容や制度を設けることが可能である。先進的な母子手帳を作成している自治体として沖縄県や常陸大宮市が挙げられる（例えば、常陸大宮市では、「親子」健康手帳と名前を変え、20歳までの成長記録が可能となっている。）。

② **母子保健法上の位置付け〜届出制・給付行政〜**

母子保健法15条では、妊娠した者は、市区町村長に妊娠の届出をしなければならないと規定し、届出制を採用している。

また、同法16条では、妊娠の届出をした者に対して、市町村の手帳の交付義務を課している。妊婦は、市町村から手帳を通じて母子保健に関しての有用な情報を入手することができるという点において、市町村が住民に便益を供与する行政活動といえるので、給付行政の1つということができる（例えば、住民への財産権侵害となる課税処分等に代表される侵害行政と区別される。）。

1　母子健康手帳の歴史とその意義

(1)　母子健康手帳の原形を遡ってみると、「妊産婦手帳」にそれをかいまみることができる。これは昭和17年から妊産婦手帳規程（昭和17年厚生省令第35号）に基づき交付されていたものである。医師や保健師等による診療や保健指導等を受けた際には、所定事項を記載してもらうこと等を定めており、流産・死産・早産の防止、妊娠及び分娩時の母体死亡の軽減を主要な目的としていた。

(2)　その後、昭和22年に児童福祉法が成立・公布され、保健所を中心とした母子衛生行政が推進された。その一環として、手帳の対象を妊産婦自身の健康管理のみならず、小児にまで拡大し「母子手帳」の名称となるに至ったのである。

昭和40年には母子保健法が制定され、これに基づき「母子健康手帳」と名称がさらに変更された。また、平成3年の同法の改正により、手帳の交付事務が都道府県から市町村へと変更され現在に至っている。

2 近時の改正による課題の解決

(1) 課題

　昨今の母子保健を取り巻く状況としては、次のような課題が挙げられていた。例えば、子どもについては低出生体重児が増加傾向にあること、妊婦については35歳以上の年齢での妊娠や出産が増加傾向にあることや病歴に対するプライバシー面での配慮の要請があること、母子の置かれる環境については、子育て環境が変化し父母の負担が増加していることや育児疲れによる児童虐待の増加などが挙げられていた。

　このような社会情勢の変化の中、保健医療福祉制度の変化及び社会の要請等に応じた新たな母子健康手帳のあり方が求められており、厚生労働省の「母子健康手帳に関する検討会」においては、主要な論点に関する議論がなされた。

(2) 解決策としての様式の改正

　このような課題を解決するため、先の検討会での議論を踏まえ、平成24年4月に母子健康手帳の様式の改正が行われた。従前から約10年を一つの単位として改正が行われてきたものである。

　主な改正点として、以下の6つを挙げることができる。いくつか例を紹介する。

検査の記録			
検査項目	検査年月日	備考	
血液型	年　月　日	ＡＢＯ　型　Ｒｈ	
不規則抗体	年　月　日		
子宮頸がん検診	年　月　日		
梅毒血清反応	年　月　日		
ＨＢｓ抗原	年　月　日		
ＨＣＶ抗体	年　月　日		
ＨＩＶ抗体	年　月　日		
風しんウイルス抗体	年　月　日		
ＨＴＬＶ－１抗体	年　月　日		
クラミジア抗原	年　月　日		
Ｂ群溶血性連鎖球菌	年　月　日		
	年　月　日		
	年　月　日		
	年　月　日		
	年　月　日		
	年　月　日		
	年　月　日		

（左端縦書き：妊娠）

※検査結果を記録する場合は、妊婦に説明し同意を得ること。

改正後の母子健康手帳（任意記載様式）の10ページ

①妊娠・出産と子どもの成長・発達についての医学的な記録
　例えば、HIV等の感染症検査については、手帳への結果記載により、親子に不利益をもたらす可能性がある。そこで、妊婦に説明し同意を得ることが注記されるに至った。

②妊娠・出産と子どもの成長・発達についての個人的な記録
　例えば、「妊婦自身の記録」として、月齢ごとに体調や気持ちについて書き込める記載欄が設けられた。

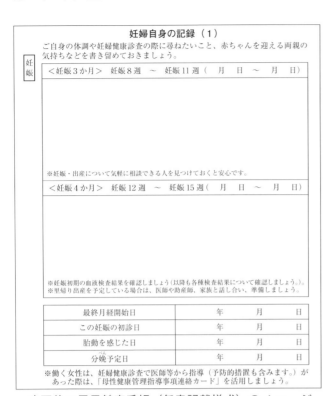

改正後の母子健康手帳（任意記載様式）の４ページ

③母親と保健医療従事者の対話のツール
④妊娠・出産や子育て支援のための情報提供媒体
⑤父親の育児参加を促すツール
　例えば、「保護者の記録」欄に、「両親からの１歳の誕生日のメッセージを記入しましょう」というような父親も含めた形でのメッセージ欄が設けられた。
⑥次の世代の親を育むツール

3　今後の課題

　現代は、インターネット上にありとあらゆる情報が氾濫している時代である。そのような中で、いかに母子保健についての正しい知識を行政として広めていくか、母だけでなく父の子育てへの協力をいかに獲得していくかが、現代の母子健康手帳が抱える課題といえるのではないか。

【参考文献】宇賀克也『行政法』
　　　　　「新しい母子手帳の活用」保健師ジャーナル　2012年　No.11　VOL.68
　　　　　「母子健康手帳の交付・活用手引き」 2012年3月　国立保健医療科学院
　　　　　「母子健康手帳を受け取る方へ」 浦安市　2011年1月20日付け　HP
　　　　　「母子健康手帳」市川市　2012年10月17日付け　HP

2　保育所入所申請

■出生数、合計特殊出生率の推移

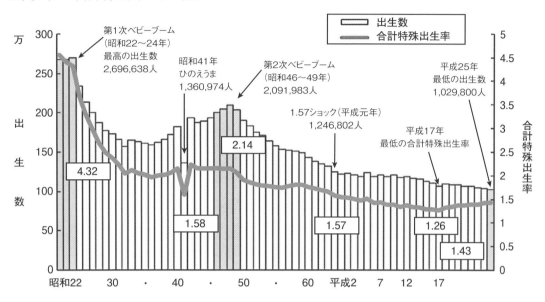

出典：厚生労働省「人口動態統計」（平成25年は概数）

前提となる基礎知識

1 保育所入所制度の背景と少子化

　日本における出生率は1970年代から継続的に低下の一途をたどっており、今後もその低下が懸念される。出生率低下の背景には、女性の大学進学率の増加、それに伴う社会進出の進行、一方での女性が結婚や出産を行った後には働かないことを前提とした社会制度という矛盾があると考えられる。
　こういった意味合いからすると、日本の少子化問題の根底には、女性の多様な働き方に対応しきれていない政策や、保育サービスに対するニーズに見合った供給を確保することができていない保育制度に問題があるといえるのではないか。

2 保育所入所制度の概要

(1)根拠法とその概要

　児童福祉法は、幼児・乳児・児童の「保育に欠けるところがある」場合に、市町村は保護者からの「申込」があったときは、それらの児童を保育所において保育しなければならないと定めている（24条1項本文）。
　また、保護者による入所希望の保育所の明示（24条2項）、保育所の選択に資す

第1章 出　生

るため等の目的での市町村からの情報提供義務（24条5項）など、利用者側の自律的決定を認め、これを市町村が補完するというような規定も設けられている。

(2) 根拠条例とその概要

市町村では、児童福祉法24条1項の規定を受ける形で、保育所における保育の実施に関し必要な事項を定めるものとして、保育の実施に関する条例及び施行規則を各々設けている。

例えば、渋谷区の条例の中では、保育の実施基準として、両親の双方が一定の条件のいずれかに当たり（①居宅外での労働が常態化、②妊娠中か出産後間もない、③疾病や障害を有している等）、かつ、同居の親族その他による保育ができないと認められる場合との定めを置いている。

平成27年4月1日から、子ども・子育て支援新制度が開始した。

この制度では、保育所に入所を希望する保護者は、入所に至るまでに、①支給認定　②利用調整　③入所の申込みという3段階の手続を経る必要がある。

支給認定は子ども・子育て支援法に、利用調整は改正後の児童福祉法に、それぞれの根拠を有する手続であり各々が行政処分としての性質を有すると考えられている。また、入所の申込みは民法上の契約における申込みと考えられている。

子ども・子育て新制度の開始に合わせる形で、全国の市区町村では、支給認定・利用調整・入所の申込みの手続の細目や様式を定めるために規則が制定された。

1　保育所入所の法的性質

保育所入所制度の法的性質は、平成9年における児童福祉法改正によって、措置（処分）から契約へ変わったと説明されることが多い。とはいえ、裁判例の判断は分かれている。

(1)　平成9年改正前

改正前の児童福祉法24条では、「市町村は、政令で定める基準に従い条例で定めるところにより・・・児童の保育に欠けるところがあると認めるときは、それらの児童を保育所に入所させて保育する措置を採らなければならない」と規定していた。

このように①「措置」との言葉が用いられ、②保育所利用者の法的地位はもっぱら行政側の一方的な決定によって決まることを理由に、市町村と利用者の法律関係は、判例上行政処分であると考えられていた。

(2)　平成9年改正後

前述のように、改正後（現在）の児童福祉法24条では、①利用者の自律的決定

様式　保育所入所申込書の例（横浜市）

第1・6号様式（規則第2条・第5条）

保育所入所申込書
（保育児童台帳）

受付

横浜市　　　　区福祉保健センター長

＊お住まいの区以外にある保育所への入所申込については、保育所所在区福祉保健センター長への申込みとして扱います。
＊入所申込みに際して、福祉保健センター長が、選考及び保育料を決定するために必要な申込者及び同居する親族全員の課税内容を、税務関係当局に報告を求めることがあります。（児童福祉法第56条⑧による）
＊ここに記載されている事項の中で、入所選考および保育の運営上必要と認められる情報を保育所に提供することがあります。
＊届出内容が事実に相違した場合は、入所申込みを取り消すことがあります。

以上のことに同意のうえ、次のとおり保育所への入所を申し込みます。

申込者署名（保護者）　　平成　　年　　月　　日

| フリガナ 申込児童名 | | 性別 男・女 | 続柄 | 生年月日 平成　.　.　（　歳） | 障害者手帳 □有 |

市内・市外も含めて希望保育所全園を記入してください	希望保育所名	保育所所在区（市町村）名	希望保育所名	保育所所在区（市町村）名
	第1希望	区	第5希望	区
	第2希望	区	第6希望	区
	第3希望	区	第7希望	区
	第4希望	区	第8希望	区

認定こども園の申込み　□無　□有（上記希望保育所欄にご記入ください。ただし、直接、園への申込みが必要です。）
※第9希望以上ある方は別紙にご記入し添付してください。様式は問いません。

送迎保育ステーション　指定園のうち送迎の希望　□無　□有（別途、同意書を含む申込みが必要です。）

保育の実施を必要とする期間　　年　月　日～　年　月　日・就学前まで

| 入所理由 | 父 | □就労　□疾病　□障害　□介護　□通学　□出産　□求職中　□災害の復旧 |
| | 母 | □就労　□疾病　□障害　□介護　□通学　□出産　□求職中　□災害の復旧 |

申込者（保護者）　フリガナ／氏名／住所　〒　　区
転居予定（無・有）転居先：　　年　月　日予定

申込児童以外の出産　出産の予定　□無　□有（予定日　年　月　日ごろ）
出産後の予定　□育休取得（終了予定　年　月ごろ）□仕事復帰　□自宅で保育するため保育所退所　□その他

連絡先電話番号　連絡のつきやすい順に①から、連絡先となりうる番号すべてを記入してください。
① 　　父携帯・母携帯／自宅・勤務先／その他(　)
② 　　父携帯・母携帯／自宅・勤務先／その他(　)
③ 　　父携帯・母携帯／自宅・勤務先／その他(　)
④ 　　父携帯・母携帯／自宅・勤務先／その他(　)

申込児童の同居者（申込児童を除く）	氏名	続柄	満年齢	生年月日	勤務先・学校・幼稚園・保育所等の名称または単身赴任先住所	介護認定・障害者手帳
		父	歳	年　月　日		□有
		母	歳	年　月　日		□有
			歳	年　月　日		□有
			歳	年　月　日		□有
			歳	年　月　日		□有
			歳	年　月　日		□有

ひとり親の場合はその理由　□離婚　□死別　□別居（調停　□無　□有＜証明書□無　□有＞）　□未婚
年　月　日（ごろ）から

生活保護法適用　無・有（担当　　　）　申込区分　新規・転園（転居を伴う・伴わない）

出典：横浜市ホームページ
http://www.city.yokohama.lg.jp/kodomo/unei/kosodate/file/25moushikomisho.pdf

第1章 出　生

を認め行政によるそれに対する補完の規定も定められている。また、②「措置」の文言がなくなり、「申込」との文言に改正されていることから、市町村と利用者の法的関係は「契約」へと変わったと考えることもできるようになった（横浜市の申込書を参照）。

　もっとも、①依然として入所要件充足の有無は市町村が認定するものであるし（24条1項）、②保育内容に関しても児童福祉施設の最低基準や保育所保育指針に基づいて、画一的・一方的に決定されている面もある（45条）。③また、保育料の性格も利用者が保育サービスの対価として保育所に支払うものではない。児童福祉法に基づいて市町村が徴収する自己負担金のままである（56条3項）。これらのことから、依然として行政処分と捉えることもできる。

　裁判例は、契約と解するものと行政処分と解するものの両方に分かれている。

2　判例

　保育所入所の不承諾処分が争われた裁判例について、その事案と判断を概観してみることとする。

判例 東京地判平成 19・11・9（保育所入所不承諾処分取消請求事件）

【事実】

○　原告Xは、自宅兼事務所で株のトレーダーとして独立して稼働していた。Xの配偶者であるAとの間には乳児Bがいたが、Aが法科大学院に在籍しはじめたことを契機として、XとAは別居を始めた。これにより、BはXによって養育されることとなった。

○　Xは、渋谷区に保育所入所の申込を行った。渋谷区長は「保育の実施に関する公正な方法による選考会議」を開き、Bについて入所優先順位の判定を行ったが、入所可能な順位に達しなかった。

○　そのため、Xの申込について保育所入所不承諾の処分を行った。渋谷区では、保育の実施に関する条例のほか、保育の実施に関する要綱を定め、これに基づき、入所選考基準表及び先行指数調整基準を定めていた。

○　Xは、渋谷区を被告として本件処分の取消訴訟を提起した。

【争点】

①　本件基準表の明確性及び合理性

②　本件基準表及び本件調整基準の解釈・適用の合理性

【判旨】

① 法24条3項と「公正な方法」の意義

「『公正な方法』とは、・・・保育の必要性が高い児童から順次入所させるという方法であることを要するものと解する」

② 入所選考基準の設定及び当該基準の解釈・適用の行政裁量について

「入所する児童を選考するに当たり、いかなる判断基準によるべきかという点については、市町村の合理的な裁量にゆだねられているものと解する」「判断基準に基づく判断において、著しく不合理な点がある場合に限り、裁量権の範囲の逸脱又は濫用があるものとして当該判断が違法となるものと解する」

③ 争点①は不合理とはいえない。争点②について、Xは、「自営をしている者」には該当するが、「ひとり親世帯」には当たらない、優先指数の点数が同点の場合は、居宅外就労が居宅内就労に優先すると規定していることから、結局本件処分は適法である。

3　留意点（行政手続法との関係）

保育所入所申請に対する不承諾処分はそれが、「申込」によって行われることからすると、これは行政手続法でいうところの申請に対する処分に当たると解釈することができる。そうなると、十分な理由の提示を行わなければならない（行政手続法8条）。理由の提示がなかったり、不十分であると不承諾処分それ自体が取り消されるおそれがあるからである。

【参考文献】『保育所入所の法的性質をめぐる考察』倉田賀世　国立社会保障・人口問題研究所
東京地裁平成19年11月9日判決（渋谷区保育所入所不承諾事件）　季刊社会保障研究2009年45号 No. 2

3 住民票

■住民票の様式例

日本の国籍を有する者に係る住民票の様式例

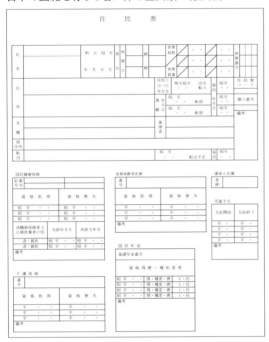

外国人住民に係る住民票の様式例

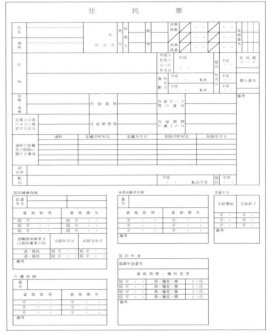

出典：住民基本台帳事務処理要領

前提となる基礎知識

①住民票の位置付け

　地方自治法13条の2において、「市町村は、別に法律の定めるところにより、その住民につき、住民たる地位に関する正確な記録を常に整備しておかなければならない」と規定されており、住民たる地位に関する正確な記録－住民票について、市町村に整備義務を課すとともに、この詳細の規定を別の法律に委任している。

　地方自治法により委任された別の法律－住民基本台帳法において、住民票を個人を単位として作成し、それを世帯ごとに編成して、住民基本台帳を作成することを定めている。住民基本台帳法は、このほか、住民票や住民基本台帳の取扱いや作成に関連する手続などを定めている。

　なお、住民基本台帳法が昭和42年に制定されるまで、住民登録法というものがあったために、「住民登録」という概念が一般的に強く、現在もなお、ホームページ上などで、「住民登録」としての案内をしている市町村が多い。

2 転入・転居・転出

一般に「引越し」をする住民の動きについて、住民基本台帳法では、次のように詳細に区分して、それぞれの用語を定義している。

①転入　新たに市町村の区域内に住所を定めること、つまり、他の市町村の区域から当該市町村の区域に移動してくること。出生による場合を除く。

②転居　一の市町村の区域内において住所を変更すること、つまり、当該市町村の区域内で移動すること。

③転出　市町村の区域外へ住所を移すこと、つまり、当該市町村の区域から他の市町村の区域に移動すること。

住民は、転入をした場合は転入届を、転居をした場合は転居届を、転入又は転居をした日から14日以内に、市町村長に届け出なければならない。

そして、転入届及び転居届には、次に掲げる事項を記載しなければならない。

① 氏名
② 住所
③ 転入又は転居をした年月日
④ 従前の住所
⑤ 世帯主についてはその旨、世帯主でない者については世帯主の氏名及び世帯主との続柄

さらに、転入届には、転入前の住民票コードも記載することになっている。

住民は、転出をしようとする場合には、現在住んでいる市町村の長に、あらかじめ、氏名、転出先及び転出の予定年月日を届け出なければならない。そして、転出を行うと転入を行うことにもなるので、転入した市町村の長に転入届を届け出なければならない。

3 住民票の重要性

住民票は、単に人の移動による市町村ごとの人口を把握することを目的としているものではない。住民基本台帳法7条の規定に基づいて、住民票に記載されたデータにより、選挙人名簿の登録、義務教育の就学、水道・下水道の使用、国民健康保険、国民年金、介護保険、予防接種その他各種の行政事務を処理するものであり、住民の権利が住民票に依存している割合は大きい。

この住民票の重要性について、逆に虚偽の住民票の手続を行うなどして、本来受けられない行政サービスを受けたり、行政サービスの証明を受けて、それを使って、犯罪に利用されることなどが懸念される。そのために、市町村は住民票に関する調査を行い、住所地に住んでいる者が確認できないとき、家族から届出を受けたときなどには職権消除を行うなどして、住民票が悪用されることを防いでいる。

第1章　出　生

1　住民票の事務

住民票の事務は、次に掲げるものとされている。

① 住民票の記載・消除・記載の修正を行うこと（住民基本台帳法8条）。
② 住民基本台帳の一部の写しの閲覧をさせること（同法11条の2）。
③ 住民票の写し等を交付すること（同法12条）。
④ 転入届を受け取ること（同法22条）。
⑤ 転居届を受け取ること（同法23条）。
⑥ 転出届を受け取ること（同法24条）。

上記の6項目について、特に注意を要するのは、④〜⑥の住民からの届出を受け取ることである。

上記の④〜⑥については、各条で、○○した者は、氏名、住所等を市町村長に届け出なければならない旨の規定であって、市町村長の応答義務まで規定されていない。したがって、それぞれの届出を受け取らないこと−不受理について争うのではなく、当該届けを受け取って、その内容に沿って、住民票に記載し、あるいは、作成することを拒否しているとして争うことも考えられる。これは、届けの内容どおりに住民票に記載されず、あるいは作成されないことをもって、既述した行政サービスを受けることができない不利益があるので妥当なものといえる。しかし、転入届等は受理されれば、当然に、住民票に記載され、あるいは住民票が作成されるものであり、他方、不受理処分自体を争うケースもある。

2　アレフ事件

住民票の不受理を扱った最近の事件として有名なのは、宗教団体アレフの信者の転入届を拒否した、いくつかの事件である。ここでは、最高裁で転入届の不受理を違法とされた名古屋市中区の事例を取り上げる。

判例　最判平成15・6・26

最判平成15・6・26においては、次のような理由で、転入届の不受理を違法とした1、2審判決を支持、自治体側の上告を棄却した。

【理由】

住民基本台帳に関する法令の規定及びその趣旨によれば、住民基本台帳は、これに住民の居住関係の事実と合致した正確な記録をすることによって、住民の居住関係の公証、選挙人名簿の登録その他の住民に関する事務の処理の基礎とするものであるから、市町村長は、住民基本台帳法の適用が除外される者以外の者から22条

の規定による転入届があった場合には、その者に新たに当該市町村の区域内に住所を定めた事実があれば、法定の届出事項に係る事由以外の事由を理由として転入届を受理しないことは許されず、住民票を作成しなければならないというべきである。

　所論は、地域の秩序が破壊され住民の生命や身体の安全が害される危険性が高度に認められるような特別の事情がある場合には、転入届を受理しないことが許される旨をいうが、実定法上の根拠を欠く主張といわざるを得ない。

　以上と同旨の原審の判断は、正当として是認することができる。論旨は採用することができない。

第2章　社会保障

1　国民年金の仕組み

■公的年金制度の仕組み

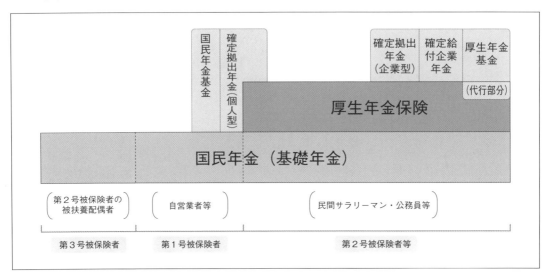

出典：厚生労働省「公的年金制度の仕組み」
　　　http://www.mhlw.go.jp/nenkinkenshou/structure/structure03.html

前提となる基礎知識

1 公的年金の性格

　年金制度は、老齢、障害、死亡などの保険事故に対し、年金保険への加入に基づき被保険者またはその遺族に対して一定の保険給付を行い、その生活の安定を図ることを目的としている。

　公的年金の特徴は、老齢年金受給者の原資を若い現役世代の保険料でまかなっていく「世代間扶養」という仕組みにあり、民間生命保険会社等に各個人が積み立てた資金を原資とする「積立方式」とは制度が大きく異なる。

2 新国民年金法の施行

　国民年金法（⇒チャート図 19 ページ）は昭和 34 年 4 月に公布され、昭和 36 年 4 月からは本格的に制度が開始された。その第 1 条には、国民年金制度の目的について「…日本国憲法…に規定する理念に基き、老齢、障害又は死亡によつて国

民生活の安定がそこなわれることを国民の共同連帯によつて防止し、もつて健全な国民生活の維持及び向上に寄与すること」と規定している。

軍人を対象とした恩給は明治時代から、公務員を対象とした恩給は大正時代から開始されており、また、民間労働者を対象としては、船員保険法が昭和14年に、労働者年金保険法が昭和16年に制定されていたが（昭和19年には適用対象を拡大し、名称を厚生年金保険法に改めた。）、国民年金法の制定により、戦後ようやく国民皆年金の制度が達成されたことになる。

多くの改正を経た現行の国民年金制度の中でも大きな改革は、昭和61年4月からの新年金制度の実施である。この制度改革により、それまで国民年金と被用者年金制度（厚生年金や共済年金）がまったく別の制度であったものが、全国民に共通の基礎年金をベースに、被用者年金制度において給与に比例した年金を上乗せする「2階建て」の構造となった。

1 公的年金制度の概要

(1) 被保険者

20歳以上60歳未満で日本国内に住所がある者は、被用者年金制度の老齢（退職）年金を受けられる者を除いて、国民年金の被保険者となる。
①第1号被保険者　農林業者・自営業者とその配偶者、学生など

日本国内に住所がある20歳以上60歳未満の者のうち、第2号被保険者または第3号被保険者に該当しない者が第1号被保険者となる（国民年金法7条1項1号）。昭和61年改正前の旧国民年金法で強制加入であった農林漁業従事者、自営業者など20歳以上60歳未満の者が該当し、保険料は個別に納付することとなっている。

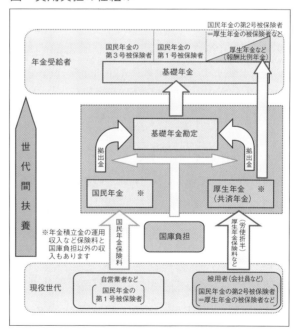

図　費用負担の仕組み

出典：厚生労働省年金局「平成25年度年金制度のポイント」http://www.mhlw.go.jp/topics/bukyoku/nenkin/nenkin/pdf/seido-h25-point_003.pdf

なお、20歳以上60歳未満の者が強制加入となったのは昭和61年からであり、

強制加入から除かれていた20歳以上の学生が強制加入となったのは平成3年からである。

②第2号被保険者　被用者年金制度の加入者

厚生年金保険の被保険者（会社員など）および共済組合等の組合員・加入者（公務員や私学教職員など）は、日本国内に住所がない者を含めて第2号被保険者となる（国民年金法7条1項2号）。国民年金の保険料は、被保険者が加入している年金制度から拠出金として拠出されるため、個別に納付する必要はない（国民年金法94条の6）。

③第3号被保険者　第2号被保険者に扶養されている配偶者

第2号被保険者の被扶養配偶者で20歳以上60歳未満の者は、日本国内に住所がない者を含めて第3号被保険者となる（国民年金法7条1項3号）。保険料は、配偶者が加入している年金制度から拠出金として拠出されるため、個別に納付する必要はない（国民年金法94条の6）。

(2)　給付のおもな種類

①老齢基礎年金

老齢基礎年金の受給資格として、国民年金保険料の納付期間や被用者年金制度への加入期間のうち20歳以上60歳未満の期間などを合わせた期間が25年（消費税・地方消費税の税率が10％に引き上げられた際は10年）以上必要となる（国民年金法26条）。

20歳から60歳までの40年すべての期間で保険料を納めた者は、原則として、65歳から満額の老齢基礎年金が支給される（昭和16年4月1日以前に生まれた者は、経過措置として段階的に保険料の納付期間が短縮されている。）。

②障害基礎年金

障害基礎年金は、国民年金に加入している間に初診日がある病気や怪我を原因として、国民年金法施行令に定められた障害等級（1級・2級）による障害の状態にある間において支給される（国民年金法30条）。

また、18歳到達年度の末日までにある子（障害者は20歳未満）がいる場合は、その人数により加算が行われる（国民年金法33条の2）。

③遺族基礎年金

遺族基礎年金は、国民年金に加入中の者が死亡したとき、その者によって生計を維持されていた「18歳到達年度の末日までにある子（障害者は20歳未満）のいる妻」

または「子」に支給される（国民年金法37条）。

2　年金に関する各種の手続

(1)　国民年金への加入

国民年金は20歳以上60歳未満の者であれば、学生を含めて誰もが加入することになっている（強制加入）。

①第1号被保険者

第1号被保険者の資格を取得したとき、または60歳未満で会社を退職するなど被保険者の種別が第1号被保険者に変わったときは市町村長に届け出なければならない（国民年金法12条1項）。

②第2号被保険者

被用者年金制度に加入している者は、当該被用者年金制度に加入することにより国民年金に加入することになる（国民年金法附則7条の4）。

③第3号被保険者

第3号被保険者の資格を取得したとき、または被保険者の種別が第3号被保険者に変わったときは厚生労働大臣に届け出なければならない（国民年金法12条5項）。

(2)　保険料の免除

①法定免除

障害年金の給付を受けているときや生活保護法に基づく生活扶助を受けている場合は、保険料が免除される（国民年金法89条）。

②申請免除

所得金額等に応じ、保険料を納めることが困難と認められた場合は、保険料が免除される（国民年金法90条・90条の2）。全額免除、半額免除に加え、平成18年7月から4分の1免除・4分の3免除の制度が導入された。

③学生納付特例制度

大学（大学院）、短大、高等学校、高等専門学校、専修学校等に在学する20歳以上の学生または生徒について、一定の所得要件に該当する場合は、保険料が免除される（国民年金法90条の3）。

(3)　受給手続

①裁定請求

年金を受ける権利は、要件が整ったときに事実上発生するが、要件を満たした者が年金を受給するには、その確認を受けなければならない（国民年金法16条）。こ

の確認を「裁定」という。なお、裁定に関する事務は厚生労働大臣から日本年金機構へ委託されている（国民年金法109条の10第1項3号）。

②各種の手続

このほかにも様々な場合に応じて、各種の申請や届出が必要である。

・年金受給権者現況届
・年金受給権者氏名変更届
・年金証書再交付申請書
・年金受給権者住所・支払機関変更届
・老齢基礎年金支給繰下げ請求書など

このうち年金受給者現況届については、住民基本台帳ネットワークシステムの利用により、原則として提出不要である。

様式　年金請求書

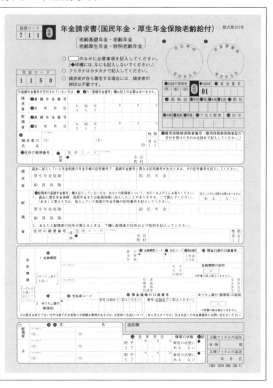

3　不服申立て^(注)

(1)　審査請求・再審査請求

被保険者の資格・給付に関する処分や保険料・徴収金に関する処分に不服がある者は、社会保険審査官（地方厚生局）に対して審査請求をし、その決定に不服がある者は、社会保険審査会（厚生労働省）に対して再審査請求をすることができる（国民年金法101条1項）。

(2)　不服審査前置主義

上記処分の取消しの訴えは、当該処分についての社会保険審査官の決定を経た後でなければ、提起することができない（国民年金法101条の2）。

（注）　審査請求については、第7章　行政への不服申立制度の仕組みを参照。

1　国民年金の仕組み

チャート図　国民年金法（昭和34年法律第141号）

```
総則（第1章）
┌─────────────────────────────────────────┐
│ 目的（1条）                              │
│  ＜手段＞国民の共同連帯                  │
│  ＜目的＞老齢、障害又は死亡によって国民  │
│          生活の安定が損なわれることの防止│
└─────────────────────────────────────────┘
```

- 国民年金の給付（2条）
- 政府による管掌（3条）
- 年金額の改定（4条）
- 財政の均衡など（4条の2・4条の3）

定義（5条）
　被用者年金各法・保険料に関する期間・年金保険者に関する規定など

被保険者（第2章）
＜第1号被保険者＞　農林業者・自営業者とその配偶者、学生など
＜第2号被保険者＞　被用者年金制度の加入者
＜第3号被保険者＞　第2号被保険者に扶養されている配偶者

国民年金事業の円滑な実施を図るための措置（第4章）
　政府による広報、相談の実施など

積立金の運用（第5章）
　財政融資資金への預託、運用事務に従事する職員の秘密保持義務（罰則あり）など

給付（第3章）
① 老齢基礎年金（26条～29条）
② 障害基礎年金（30条～36条の4）
③ 遺族基礎年金（37条～42条）
④ 付加年金・寡婦年金・死亡一時金（43条～52条の6）
⑤ 給付の制限（69条～73条）

費用（第6章）
① 事業費用の1/2を国庫負担
② 保険料の納付義務
③ 保険料の算定・納付の方法

不服申立て（第7章）
① 審査請求…社会保険審査官
② 再審査請求…社会保険審査会

雑則（第8章）

罰則（第9章）

国民年金基金及び国民年金基金連合会（第10章）
① 国民年金基金（地域型・職能型）
② 国民年金基金連合会（国民年金基金の共同組織）

4　今後の課題

　少子高齢化に起因し、現役世代が減少するとともに老齢年金受給者が増加する傾向の中で、「世代間扶養」方式における収支のバランスの維持が難しくなってきている。

　また、終身雇用制の崩壊やフリーター、派遣労働者等の増加など雇用を巡る状況の大きな変化は、本来は自営業者等を対象とした国民年金制度に影響を与えており、雇用が不安定な人々の老後をどのように支えるかが公的年金制度の大きな課題となっている。

5　論点

(1)　被用者年金制度との関係と年金制度の目的

　被用者年金制度との関係の見直しなど制度の大きな改正は、時代の変化に応じて制度の安定性を維持し、国民年金法1条に掲げられた目的を達成しようとするものである。

(2)　裁定請求

　所定の要件が整った際に権利は発生しているが、その確認を受けるために「裁定」の請求を要する。

(3)　行政不服審査法の例外

　行政不服審査法の例外として不服審査前置主義が採用される理由としては、
①被保険者の権利救済を簡易かつ迅速な手続きで行う必要があること。
②運営に関し高度の行政裁量を要するため、専門性の高い機関が処理する必要があること。
が挙げられる。

(注)　平成27年10月から厚生年金と共済年金が統合され、被用者年金が一元化された。これにより、公務員及び私学教職員も、2階部分の年金は厚生年金に統一された。

【参考文献】『国民年金ハンドブック　平成28年度版』（社会保険研究所）
　　　　　　太田啓之『いま、知らないと絶対損する年金50問50答』（文藝春秋）
　　　　　　駒村康平『日本の年金』（岩波書店）

2　介護保険の仕組み

■介護保険制度の仕組み

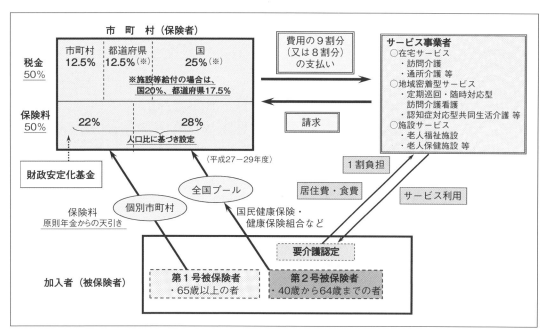

出典：厚生労働省老健局『公的介護保険制度の現状と今後の役割（平成25年）』（※一部修正）
　　　http://www.mhlw.go.jp/seisakunitsuite/bunya/hukushi_kaigo/kaigo_koureisha/gaiyo/dl/hoken.pdf

前提となる基礎知識

1 介護保険制度導入の背景

　介護保険は、老後の最大の不安である介護を社会全体で支える仕組みとして、高齢者の介護を社会全体で支えることを目的として創設され、平成12年4月から運用が開始された。

　我が国では、人口の高齢化に伴って、寝たきりや認知症などにより介護を必要とする者が急速に増加しており、今後もその増加が見込まれている。また、誰もが相当程度の確率で自らが介護を必要とする状態になり、または介護を必要とする老親を持つ可能性がある。介護保険制度の創設前、高齢者介護は老人保健制度や老人福祉制度により対応が図られていたが以下の問題が生じていた。

①利用者負担や利用手続等に不合理な格差や差異が生じていたこと。

②福祉制度では利用がしにくい制度的な制約や心理的な抵抗がある一方、医療保険の枠組みでは介護を必要とする高齢者が治療を主たる機能とする病院に入院して

いる事態が生じていたこと。
③サービスの利用について相談に応じ、調整を担当する窓口や体制の整備が十分でなかったこと。
④高齢化の進行に伴い、自治体において福祉分野での介護費用の確保に困難が見込まれたこと。

２ 社会保険方式とされた理由

　上記の問題の発生は、医療が疾病に対する急性期対応が中心であり、福祉は低所得者への対応が中心的であったという沿革的な事情による。
　そこで、医療と福祉に分立していた高齢者介護に関する制度を再構築し、国民の共同連帯の理念に基づき国民皆で介護を支えるべく、介護サービスを提供する仕組みとして、公費負担を組み入れた社会保険方式による介護保険制度が創設された。社会保険方式とされた理由は、おおむね以下による。
①社会扶助の手段として、過去にも医療・年金分野で成果を上げてきたこと。
②利用者によるサービスの選択の保障やサービス受給の権利性の確保に優れていること。
③負担と受給の対応関係が明白であり、国民の理解を得やすいこと。

1　介護保険制度の概要

(1)　介護保険制度

　介護保険は市町村（特別区を含む。以下同じ。）を保険者とする保険制度であって（介護保険法3条）、介護サービスの利用に伴う保険給付を受けるためには、要介護・要支援の認定を受けることが必要である。

　認定の申請は市町村に対して行い、市町村担当者の訪問調査結果、主治医の意見書を基にして、介護認定審査会（介護保険法14条）により、要介護（1～5）・要支援（1・2）(注)・非該当（自立）の8段階のどれに該当するかが判断される（介護保険法27条・32条）。

　要介護認定により要介護1～5と認定された場合は「居宅サービス」「施設サービス」「地域密着型サービス」を、要介護認定により要支援と認定された場合は介護予防を目的として「介護予防サービス」「地域密着型介護予防サービス」を利用

(注)　要支援者に対する予防給付のうち訪問介護・通所介護については、市町村が地域の実情に応じ、また、多様な主体による柔軟な取組により、効果的かつ効率的なサービスを提供できるよう、平成29年度末までに市町村が実施する地域支援事業に移行される。

することができる（介護保険法4章3節・4節）。

(2) 被保険者

第1号被保険者（65歳以上）と第2号被保険者（40歳以上65歳未満）の区分がある（介護保険法9条）。

要介護・要支援認定の申請に当たっては、申請書に添えて第1号被保険者は介護保険被保険者証を、第2号被保険者は医療保険被保険者証の写しを添付する必要がある（介護保険法27条1項・32条1項）。

(3) 受給要件

被保険者の種類により異なる（介護保険法7条3項・4項）。
①第1号被保険者　要介護・要支援状態であること。
②第2号被保険者　関節リウマチ等の特定疾患（加齢に伴う疾患であって政令で定めるもの）によって生じた身体上又は精神上の障害を原因として要介護・要支援状態であること。

(4) 事業者の登録

サービス提供事業者として活動するためには、サービスを行う事業所ごとに都道府県知事（地域密着型サービス・地域密着型介護予防サービスについては市町村長）に申請し、指定または開設許可（介護老人保健施設）を受けなければならない。

(5) 介護サービスの利用

要介護・要支援の認定を受けた者は、サービス提供事業者や介護保険施設と契約を締結し、介護サービスを利用することができる。

介護サービスにかかる費用に対し9割が市町村から事業者に介護給付費として支給されるため、利用者の負担は1割（一定以上の所得を有する者については、8割の支給に対し負担は2割）となる（介護保険法4章3節・4節）。ただし、支給限度基準額（1か月に利用できる金額の上限）を超える利用部分は、全額自己負担となる（介護保険法43条）。

2　費用等

(1) 財源構成

介護保険制度においては、給付と負担の関係を明確にするため社会保険方式がとられているが、被保険者の負担が過大にならないよう、公費で給付費の50％が賄われている。その内訳は、国が25％（うち5％は「調整交付金」として）、都道府県・市町村がそれぞれ12.5％である（介護保険法121条～124条）。

残りの50％を占める保険料負担のうち、約20％を第1号被保険者が、約30％を第2号被保険者が負担している（介護保険法125条・129条）。両者の割合は3年に1度見直しが行われ、政令により定められる（介護保険法125条）。

第2号被保険者にも保険料の負担が求められている理由としては、現役世代として一般的に負担能力が高いほか、40歳以上という年齢的に老親の介護が必要となる時期であり、介護保険によりその負担軽減の利益があることなどが挙げられる。

なお、第1号被保険者の保険料率は、市町村ごとに異なる。これは、市町村によって高齢化率や認定率、介護保険の給付水準などが異なることによる。

様式　介護保険要介護認定等申請書

出典：新宿区ホームページより
http://www.city.shinjuku.lg.jp/content/000186918.pdf

(2) 保険料徴収の方法

被保険者の種類により徴収方法が異なる。

① 第1号被保険者　市町村が発行した納付書による納付（普通徴収）または年金からの天引き（特別徴収）（介護保険法129条1項）

② 第2号被保険者　各医療保険者（医療組合）が、医療保険料（健康保険料）の一部として徴収し（介護保険法150条2項）、介護給付費交付金・地域支援交付金として、社会保険診療報酬支払基金を通じて市町村へ交付（介護保険法160条1項）

3　不服申立て

(1) 概要

都道府県下の市町村が行った、要介護・要支援認定や介護保険料の徴収等、介護保険に関する行政処分に不服があるときは、介護保険法及び行政不服審査法等に基

づき、当該都道府県に設置された介護保険審査会に対して審査請求をすることができる（介護保険法183条1項）。

その他審査請求に関する諸手続については、行政不服審査法に定めるところにより行われる。

(2) **不服申立て前置主義**

要介護・要支援認定や介護保険料の徴収等、介護保険に関する行政処分の取消しを求める訴訟は、審査請求に対する裁決を経た後でなければ提起することができない（介護保険法196条）。

4　介護保険と地方分権

介護保険法の施行は、地方分権一括法（地方分権の推進を図るための関係法律の整備等に関する法律）の施行と同日である（平成12年4月1日）。

住民に最も身近な行政単位である市町村を中心的な運営主体として位置づけた上で、市町村の判断で提供サービスの内容を構成し、サービス供給のための負担についても市町村が負うこととされる介護保険制度は、平成12年版『厚生白書』において「まさに地方分権の試金石」と言及された。

その後、平成24年4月1日に施行された地方分権改革一括法（地域の自主性及び自立性を高めるための改革の推進を図るための関係法律の整備に関する法律）でも介護

図　審査請求手続

出典：大阪府ホームページ『審査請求手続について』
　　　http://www.pref.osaka.lg.jp/kaigoshien/kaigo-sinsa/sinsaseikyutetuduki.html より

第2章 社会保障

チャート図 介護保険法（平成9年法律第123号）

総則（第1章）

目的（1条）
- ＜手段＞介護保険制度の設立
- ＜目的＞
  - ①要介護者の尊厳の保持
  - ②要介護の程度に応じた日常生活の保持
  - ③保健医療サービス・福祉サービスの給付

介護保険制度（2～6条）
- ＜保険者＞　市町村（特別区を含む）による運営
- ＜国民の努力・義務＞　健康の保持増進・能力の維持向上
  - 事業に要する費用の負担
- ＜国・地方公共団体の責務＞
  - 国　サービスを提供する体制の確保その他必要な措置
  - 都道府県　健全かつ円滑な事業運営のための必要な助言
  - 国・地方公共団体　他の施策との有機的な連携等
- ＜医療保険者の協力＞　介護保険事業への協力

定義（7条）
要介護者・要支援者・介護支援専門員・医療保険各法・医療保険者など

被保険者（第2章）
- ＜第1号被保険者＞ 65歳以上の者
- ＜第2号被保険者＞ 40歳から65歳までの医療保険加入者

介護認定審査会（第3章）
要介護・要支援認定のため市町村に設置

保険給付（第4章）
- ＜認定＞ 要介護・要支援
- ＜保険給付の種類＞ 介護給付・予防給付・市町村特別給付

費用等（第8章）
- ①費用の負担
  - 国・都道府県・市町村の負担
  - 介護給付費交付金・地域支援事業支援交付金
  - 保険料
- ②財政安定化基金
  - 都道府県に設置
- ③医療保険者の納付金
  - 交付金の原資

地域支援事業等（第6章）
市町村による実施

介護保険事業計画（第7章）
基本指針（国）
介護保険事業計画（市町村）・介護保険事業支援計画（都道府県）

（第5章）

介護支援専門員
登録方法、義務等

事業者・施設
① 指定居宅サービス事業者・指定地域密着型サービス事業者・指定居宅介護支援事業者
② 介護保険施設（指定介護老人福祉施設・介護老人保健施設）
③ 指定介護予防サービス事業者・指定地域密着型介護予防サービス事業者・指定介護予防支援事業者

社会保険診療報酬支払基金の業務（第9章）
医療保険者からの納付金の徴収および市町村向け交付

国民健康保険団体連合会の業務（第10章）
介護給付費・予防給付費に関する審査・支払

介護給付費審査委員会（第11章）
連合会に設置

審査請求（第12章）
① 介護保険審査会（都道府県に設置）
② 審査事項　要介護・要支援認定、保険料その他徴収金

雑則（第13章）

罰則（第14章）

保険法は取り上げられている。これは、地方分権一括法による機関委任事務廃止後も積み残しとされた、地方自治における法令の規律密度を緩和すべく、法令による自治体への「義務付け・枠付けの見直し」により、介護給付サービスに関し従来は省令で定められていた基準について自治体の条例で定めることとされたものである（厚生労働省令による基準の提示あり）。

5　今後の課題

制度開始当初の平成12年4月末に218万人であった要介護認定者数は、平成24年4月末には533万人に増加している。サービス受給者数も149万人から445万人に増加しており、これを支える総費用は3.6兆円から8.9兆円に大きな伸びを示している。

75歳以上の高齢者の全人口に占める割合は増加していき、2055年には25％を超える見込みである。

	2012年8月	2015年	2025年	2055年
65歳以上高齢者人口（割合）	3,058万人 （24.0％）	3,395万人 （26.8％）	3,657万人 （30.3％）	3,626万人 （39.4％）
75歳以上高齢者人口（割合）	1,511万人 （11.8％）	1,646万人 （13.0％）	2,179万人 （18.1％）	2,401万人 （26.1％）

表含めこの項の出典：厚生労働省老健局「公的介護保険制度の現状と今後の役割」（平成25年）
http://www.mhlw.go.jp/seisakunitsuite/bunya/hukushi_kaigo/kaigo_koureisha/gaiyo/dl/hoken.pdf より

【参考文献】『介護保険の実務　平成19年4月版』（社会保険研究所）

第2章　社会保障

3　生活保護法を悪用する「貧困ビジネス」対策

■貧困ビジネスの一例

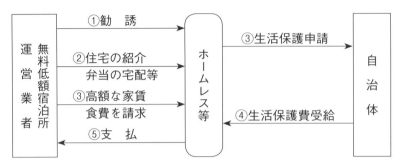

前提となる基礎知識

1 貧困ビジネスの概要

「貧困ビジネス」とは、主にホームレスを勧誘し、生活保護を申請させて住宅などを提供する代わりに、高額な家賃・食費を徴収するビジネス。企業や団体が社会福祉法に基づく「無料低額宿泊所」を運営するのが一般的だが、住環境が劣悪で無届けの施設も少なくないとされる[注1]。別名「囲い屋」ともいわれる[注2]。

現行法上「無料低額宿泊所」は、第2種社会福祉事業のひとつであり、「生計困難者のために、無料又は低額な料金で簡易住宅を貸し付け、又は宿泊所その他の施設を利用させる事業」とされている（社会福祉法2条3項8号）。

開設後1か月以内に事業経営地の都道府県知事に届出が必要である（社会福祉法69条1項）。

厚生労働省は、届出制を許可制にすることも検討している[注3]。

大阪府では、法改正に先立ち、平成22年11月4日、被保護者等に対する住居・生活サービス等提供事業を規制する条例を制定した。

2 現行法制度の概要

社会福祉法2条3項8号において、無料低額宿泊所は第2種社会福祉事業として定義されている。

第2種社会福祉事業を開始した場合は、国や都道府県が事業主体である場合を除き、事業開始の日から1月以内に事業経営地の都道府県知事に届出をすることが義務付けられている（社会福祉法69条1項）。

許可制ではないので、一般的に禁止はされていないが、都道府県の監督下に置こうとする趣旨と考えられる。

届出事項として、社会福祉法67条1項の施設を必要としない第1種社会福祉事業の届出事項が適用されている。ちなみに届出事項中に条例が出てくるが（1項3号）、これは市町村が事業主体の場合に、条例で設置される施設を想定して、規定されたものと推察される。また、定款その他の基本約款が届出事項となっているが、これは、主として社会福祉法人を想定しているものと推察される。

　そうすると法制定時には、事業主体として、市町村や社会福祉法人が想定されていて、無料低額宿泊所制度を悪用して利益をあげる事業形態を想定していなかったと考えるべきである。いわば、性善説で制度が設計されている。

第2章　社会保障

(チャート図)　大阪府被保護者等に対する住居・生活サービス等提供事業の規制に関する条例（平成22年大阪府条例第61号）

前文
保護を受ける者とサービスを提供する事業者の間における公正な取引ルールを定める。

↓

目的
事業を行う者の被保護者等の処遇についての不当な行為を防止

定義
1　被保護者等
2　被保護者等住居・生活サービス等提供事業
3　住居等に関する契約
4　生活サービスに関する契約
5　金銭等管理サービスに関する契約

↓

手段（規制手法）

届出制（3条）
　被保護者等住居・生活サービス等提供事業の営業の届出
解除規制（4条）
　被保護者等住居・生活サービス等提供事業に係る契約の解除に係る規制
　・被保護者等の契約解除権・事業者側は6か月前の予告義務
　・サービスに関する契約の解除を理由とする住居に関する契約の解除の禁止
　・被保護者からの契約解除に伴う違約金契約の禁止
重要事項説明（5条）
　被保護者等住居・生活サービス等提供事業に係る契約締結前の重要事項の説明等
書面交付（6条）
　被保護者等住居・生活サービス等提供事業に係る契約締結時の書面の交付

↓

実効性の確保①
①報告の徴収（7条）
　提出しないと違反とみなす
②勧告及び命令（8条）
　4～6条違反の場合勧告
　→命令→公表（9条）

総則的規定
保護の実施機関との連携（10条）
①実施機関への情報の提供
②実施機関への協力要請
③実施機関の知事への措置要請

実効性の確保②
罰則（11条）、両罰規定（12条）
命令違反
　6月以下の懲役　又は
　100万円以下の罰金

（附則）
施行期日　平成23年2月1日

1　特定商取引に関する法律との関係

　路上で住居提供等を勧誘する営業手法については、特定商取引に関する法律に規定される「訪問販売」に該当する場合がある。

　この点について、大阪府では次のようにホームページに掲載して、遵守を呼びかけている。ただし、特定商取引に関する法律と本条例との間に抵触関係はなく、本条例が違法となるものではない。

　以下、大阪府のホームページのよびかけ

・特定商取引に関する法律

　利用者に路上で声をかけ、契約の締結を勧誘する手法は、特定商取引に関する法律により規制される「訪問販売」に該当する場合があります。「訪問販売」に該当する場合には、クーリング・オフ等が適用される場合があります。

・大阪府消費者保護条例

　利用者と事業者が大阪府内で締結する契約には、大阪府消費者保護条例の適用があります。大阪府消費者保護条例では、「不実を告げ、誤信を招く情報を提供し、威迫し、心理的に不安な状態に陥れる等の不当な方法で、契約の締結を勧誘し、又は契約を締結させる行為」などは「不当な取引行為」として、禁止されています。

2　契約自由の原則との関係

　無料低額宿泊所という施設の設置によって、被保護者を囲い込むという事業形態を規制しようとするのであれば、厚生労働省の検討のように、施設の設置に着目して、「無料低額宿泊所」の設置許可という手法も考えられる。この場合は、施設という物に着目して規制していくことになり、対象が明確であり、施設の提供するサービスについてもその規制対象領域が特定していることから、ここに関与することも過剰な規制とはなりにくいと思われる。

　ところが、大阪府では、関東・中部地方と異なり、「囲い込み」の類型がワンルーム・マンションを含む住居提供に生活サービスを付加する事業手法が中心という地域特性があった[注4]。立法事実として「囲い込み」の類型を整理した詳細な表を作成している。

　こういった事情を考慮すると、施設に着目した規制では効果が上がらないとして、不動産賃貸等の契約に付加されるサービスの内容が一定以上であることを確保するような契約内容の規制を考えたものと推察される。

しかし、他方でこれらのサービスの利用者は、生活保護費がその原資であり、もともと最低生活費であることから、その提供サービスの質についても、高い水準を要求すれば、コスト的にそもそも利用不可能になるという矛盾をはらんでいる。

契約自由の原則から、サービス内容については、当事者の自由にまかせつつ、不当な事業者への対抗措置として、生活保護受給者の住居契約及びサービス契約の解除権を保障するという方法によって、契約内容に介入せずに、ぎりぎりの場合は逃げ出せるような制度的な保障をしたものと評価できる。

また、契約プロセスを目にみえるように、契約書の作成と重要事項の説明を義務付けたことも、被保護者の防御手段であるとともに、保護行政サイドからの介入を容易にする手がかりを用意したものと考えられる。

3　公表の処分性の問題

この条例は、9条本文において、命令に違反した事業者の名称等を公表できることとしている。

この公表に処分性があるかが問題となる。この条例では、9条2項において、公表前に特別に意見聴取の機会を与えている。このことからすると、制定意図としては、この条例による公表には当然に処分性があるということではなく、事実行為ではあるが、公表されることによって与える打撃を考慮して、条例上特に意見聴取の機会を設けたものと理解できる。

処分性があるものと整理されているのであれば、行政手続条例の対象となり、少なくとも弁明の機会の付与が想定されるからである。

4　条例の改正について

平成23年に創設されたサービス付き高齢者向け住宅事業について、行政庁に登録した場合には事業所管部局による指導監督が可能となった。このため、行政庁に登録した事業を条例2条に規定する「被保護者等住居・生活サービス等提供事業」から除外するための改正が同年に行われている。

（注1）毎日新聞 2012年3月27日西部朝刊　ことば欄
（注2）フリー百科事典『ウィキペディア（Wikipedia）』「囲い屋」の項
（注3）第173回国会　厚生労働委員会　平成21年11月18日（水曜日）会議録
　　　中曽根康弘衆議院議員の質問に対する山井大臣政務官の答弁
（注4）『自治体法務研究』2011年夏号60頁

3 生活保護法を悪用する「貧困ビジネス」対策

様式　重要事項説明書（抜粋）

＊大阪府作成　生活サービスに関する契約重要事項説明書　参考例の抜粋

重要事項説明書

1. 事業者
2. 契約期間

始期	年　　　月　　　日から	年　　　月間
終期	年　　　月　　　日まで	

3. サービスの提供を行う場所
4. サービス提供の内容

生活サービスに関する方針等		
生活サービスの内容		
基本サービスの内容	料金	（提供方法）
個別サービスの種類	料金	（サービスの内容・提供方法）

5. 生活サービス提供（職員）体制
6. 利用料の請求及び支払方法
7. 利用者からの苦情に対応する窓口等の状況
8. 緊急時の対応方法
9. サービス提供に当たって利用者が留意すべき事項
10. 契約の解除

【事業者からの解除】

Ⅰ　債務不履行による場合
　事業者は、利用者が正当な理由なく事業者に支払うべきサービス利用料を3か月以上滞納した場合において利用者に対し、相当な期間を定めてもなお期間内に滞納額の全額の支払いがないときは、この契約を解除することがあります。

Ⅱ　中途解除について
　事業者は、利用者に対し、契約の有効期間内であっても正当な理由があると認められる場合には、少なくとも6か月前までに予告することにより、契約を解除することができます。

【利用者からの解除】
　利用者は、事業者に対し文書で申し入れることにより直ちに解除できます。

説明年月日　　　　　　　年　　　月　　　日

　生活サービスの契約を締結するにあたり、利用者に対して、上記のとおり重要な事項を説明しました。

事業者名
説明者　　　　　　　　　　　　　　　　　　　　　印

　私は、上記により事業者から生活サービスについての重要な事項の説明を受けました。
利用者名
住　　所　　　　　　　　　　　　　　　　　　　　印

第3章　健康・環境衛生

1　ふぐ中毒を防止するための規制

■ふぐの判別の困難さ

トラフグ

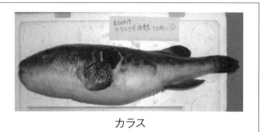
カラス

出典：厚生労働省ホームページより

前提となる基礎知識

1 食品の安全

　食品の安全は、国民一般に日常的に関わる問題である。また、生命・身体の危険に直結する問題であるため、国民の関心が極めて高く、カネミ油症、ふぐやキノコ等による中毒、O-157、乳製品の集団食中毒、BSE問題、放射性ヨウ素やセシウム等の問題、ユッケ等の生食用食肉問題など、顕在化した事象も枚挙にいとまがない。

　こうした背景を踏まえて、食品衛生法等によるきめ細かな規制が行われている。他方、既存の法令を補完して食品の安全性をさらに確保するために、例えば「ふぐの衛生確保に関する条例」による規制が行われるなど、自治体の取組も見逃せない。

2 様々な行政法規による多様な行政手法

　ひとくくりに食品の安全を確保するための行政法規といっても、その視点は様々である。まず、食品安全に関わる行政法規の体系を概観する（図）。

　図は、行政法規の体系を理解しやすくするため縦割りに整理したが、実際はこれらの法律や条例、さらにはこれら以外の施策が相互に連関して、食品の安全が図られている。

図　食品安全に関わる行政法規の概観

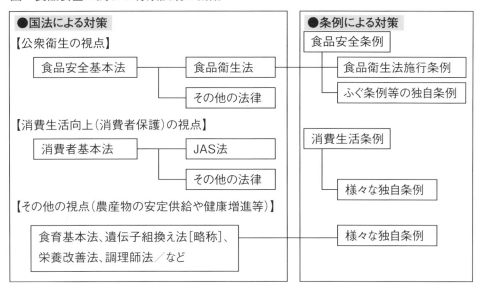

1　ふぐによる中毒問題

　ふぐは、ふぐ刺し、ふぐ鍋、白子料理などで多くの国民が口にしている。しかし、部位により、ふぐには猛毒のテトロドトキシン（種類によっては、パフトキシン）が含まれており、口にすると麻痺症状を起こし、重症の場合には呼吸困難で死亡する。

　厚生労働省ホームページによれば、毎年30件程度のふぐ中毒が発生し、約50名が中毒する。また、そのうちの数名程度が死亡する。また、ふぐの判別は素人では難しい上（前頁の写真）、食用可能な部位はふぐの種類によって異なるので、素人判断や素人によるふぐの取扱いや調理は危険であると説明されている。

　例えば、冒頭の写真のカラスはトラフグと違い尻びれが黒い。しかし、ふぐの判別は、写真で示すほど明確とは限らず、地域や時期等によって変化するため、素人による安直な判断は危険である。

　こうした事実を踏まえて、食品衛生法6条の規定により有毒な物質が含まれている食品の販売等が禁止されているが、さらにふぐ毒による危害の防止を徹底させるため、ふぐ処理師の免許制度（表）や営業者の認証制度を独自に盛り込んだ条例（⇒チャート図36ページ）を制定している自治体が存在する。

第3章　健康・環境衛生

表　ふぐ処理師の免許制度を設けている都道府県

埼玉県・千葉県・東京都・神奈川県・富山県・石川県・静岡県・愛知県・滋賀県・京都府・奈良県・鳥取県・山口県・香川県・愛媛県・高知県・福岡県・熊本県・宮崎県・鹿児島県

* 他の都道府県の免許証を持っていれば試験を受けずに免許申請を可能としている京都府の例を参考に作成（京都府HP「ふぐ処理師試験の概要」）。

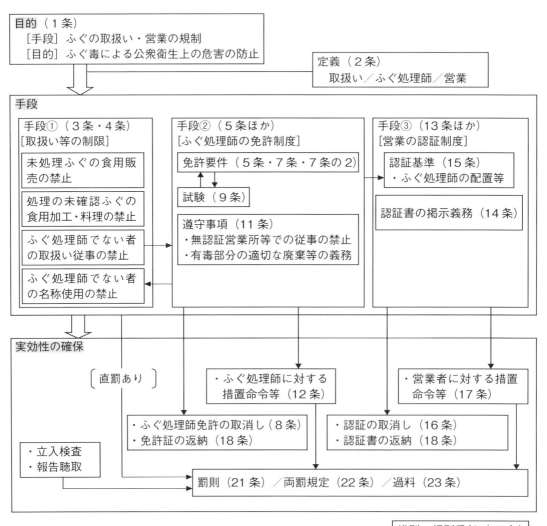

チャート図　ふぐの取扱い等に関する条例（昭和50年千葉県条例第1号）

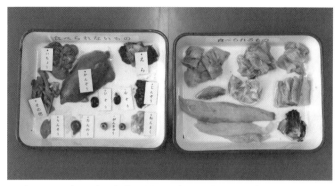

写真　ふぐ処理師試験の状況（臓器等の鑑別）
出典：千葉県より写真提供

2　ふぐ中毒死について行政責任が問題となった裁判例

判例　大阪高判昭和55・3・14（損害賠償請求控訴事件）

【事実】
○　飲食に起因する衛生上の危害の発生を防止し、公衆衛生の向上及び増進に寄与することを目的として食品衛生法が制定されており、大臣や都道府県知事、市長らに、不衛生食品の販売の禁止等の種々の規制権限が付与されていた。
○　Xは、料理店でふぐ肝を食べたため中毒にかかって死亡した。
○　Xの遺族らは、食品衛生行政の任にあたる国、兵庫県、神戸市に対して、ふぐ肝中毒を防止するような条例を制定するなどの権限を行使しなかったことに義務の懈怠があるとして、国家賠償を求めた。

【争点】
①　飲食店でのふぐ料理による中毒死について、大臣らが食品衛生法に定める規制権限を行使しなかったことは、違法か。
②　飲食店でのふぐ料理による中毒死について、立法機関が所要の法律改正や条例制定を講じなかったことは、立法裁量権を著しく逸脱するものであるか。

【判旨】
①　一般的規範の提示
　　大臣らは、不衛生食品の販売の禁止等の規制権限の行使について、具体的事案の下でその不行使が著しく合理性を欠くと認められる場合は、法律上の義務を負う。
②　あてはめ及び結論
　　本件被害の発生は、被害者個人が容易に回避できたものであること等から、大

臣らが食品衛生法に定める規制権限を行使しなかったとしても、違法ではない。また、立法機関が食品衛生法の改正、ふぐ条例の制定等の立法措置を講じなかったことは、立法裁量を著しく逸脱するものではない。よって、国、県及び市は、国家賠償責任を負わない。

【論点解説】

① 規制権限の不行使と国家賠償法1条の責任

　国や自治体の積極的な権限行使（例えば、本書74ページの即時強制）のみではなく、権限の不行使の場合にも不合理と判断されれば国や自治体の国家賠償責任が追及され得る。

　とりわけ国民の生命や健康に影響を及ぼすような事業活動等については、法律や条例により、禁止制（一定の行為を禁止する制度）や許可制（一定の行為を禁止し、特定の要件を満たせば解除する制度）、下命制（一定の行為を義務付ける制度）が規定されている。また、これらの規定の実効性を確保するために、措置命令、改善命令、停止命令等の命令権限が行政庁に付与されている。さらには、即時強制のような直接的な実力行使の権限が付与されていることもある。

　このような制度の存在を信頼して国民は安心して社会生活を送っているのであるが、行政庁が法律上の義務を果たさなかった場合、すなわち付与された権限を行使しなかった場合、国民の生命や健康に対する危害が顕在化することになる。

　国家賠償法1条は、国や自治体が直接の加害者ではないが、規制権限を適切に行使していれば第三者（国民）に損害が発生・拡大することを防止できたにもかかわらず、その行使を怠ったがために第三者に損害が生じてしまった場合の国や自治体の損害賠償責任にも適用される。この際、ア）行政庁側に被害発生の予見可能性があったか、イ）行政庁側が規制権限を行使すれば被害発生を防止できたか、ウ）被害者の努力のみでは被害発生の防止は困難であったか等が判断の基準となる。

② 立法の不作為と国家賠償法1条の責任

　権限行使の根拠たる法律や条例の立法の不作為についても国家賠償責任が追及され得るが、いかなる論理でその責任が否定されるのかが問題である。

　規制権限の不行使は、行政庁の不作為のみならず、法律や条例の立法の不作為として現れることもある。本件においても、食品衛生法の改正やふぐ条例の制定という国や自治体の立法がされていないことをも、国、県及び市の責任として主張された。

しかし、このような一般的抽象的な立法の問題は、立法機関の極めて広い裁量に委ねられているのであって、立法機関がこの裁量権を著しく逸脱したものとは認めることはできず、その主張には理由がないとされた。

【参考文献】西埜章『国家賠償法コンメンタール』（2012年、勁草書房）200頁
　　　　　　高木光ほか『条文から学ぶ行政救済法』（2006年、有斐閣）17頁
　　　　　　『判例タイムズ』381号101頁

【規制権限（命令制）の他の立法例】
　　○**廃棄物の処理及び清掃に関する法律**（昭和45年法律第137号）
　　　（改善命令等）
　第十五条の二の七　都道府県知事は、次の各号のいずれかに該当するときは、産業廃棄物処理施設の設置者に対し、期限を定めて当該産業廃棄物処理施設につき必要な改善を命じ、又は期間を定めて当該産業廃棄物処理施設の使用の停止を命ずることができる。
　⑴　第十五条第一項の許可に係る産業廃棄物処理施設の構造又はその維持管理が〔略〕技術上の基準又は〔略〕計画〔略〕に適合していないと認めるとき。
　⑵〜⑷　〔略〕

column ① ペット（犬）の無責任な飼養

1 ペットブーム

「癒されるから」「動物が好きだから」「子どもの教育のため」「防犯のため」「おしゃれだから」など、ペットを飼う動機は多様である。確かにペットには心身の健康への効果などがある。しかし一方で、ペットに起因するトラブルも見逃せない。また、そもそもペット自体を飼えなくなるケースもある（環境省発行のパンフレット「飼う前に考えて！」（平成19年9月）には、「引越」、「近隣からの苦情」、「飼い主の死亡」など、具体的なケースが掲げられている。）。

ここでは、犬をめぐる問題を取り上げる。ペットブームが続く中で、犬の人気は依然として高い。厚生労働省によれば、平成24年度の登録頭数は約679万頭となっている。

2 犬をめぐる問題①～狂犬病・咬傷事故・周辺の生活環境への悪影響

(1) 狂犬病

我が国は狂犬病の清浄国であり、ここ半世紀、他国に旅行し帰国後に発症したケースを除き、狂犬病が発生していない。

しかし、WHOによると、世界中で年間約5万5,000人が死亡している。日本獣医師会の指摘では、例えば、検疫をすり抜けて狂犬病に感染した哺乳類が持ち込まれるおそれがあったり、外国船舶に搭載された犬の不法上陸事例が頻発しており、我が国に流入する危険は否定できない。

日本獣医師会ホームページでは、狂犬病は、狂犬病ウイルスの感染による人と動物の共通感染症であり、すべての哺乳類が感染し、人が感染し発症した場合、恐水、恐風、興奮、麻痺等の神経症状を示し、呼吸障害により100％死亡する恐ろしい感染症であると説明されている（日本獣医師会ホームページ http://nichiju.lin.gr.jp/ekigaku/index.html 参照）。

狂犬病について、その発生予防、まん延防止及び撲滅を図るために、狂犬病予防法がある。同法では、犬の登録や予防注射などが義務付けられているが、無責任な飼い主が多いことが表から窺い知れよう。

表　全国の犬の登録頭数、予防注射率等（平成24年度末現在）

登録頭数	予防注射頭数	注射率
6,785,959	4,914,347	72.4%

（厚生労働省ホームページ　http://www.mhlw.go.jp/bunya/kenkou/kekkaku-kansenshou10/01.html）

ここで注意しなければならないことは、注射率の分母が登録頭数となっていることである。登録さえしていない犬が多数存在することから、日本獣医師会等の報告によれば実際の注射率は50％を下回るとされ、ひとたび狂犬病が我が国に流入した場合、まん延のおそれがある。

(2) 咬傷事故

犬の咬傷事故により、人の生命や身体も直接に危害を及ぼされることがある。

昭和40年代は、野犬に咬まれて乳幼児が死亡する事故が多く発生していた。例えば、千葉県は、犬取締条例（昭和43年千葉県条例第33号）を制定し、捕獲等により事故を未然に防止しようとした。しかし、姉（当時7歳）に連れられて買い物に行った男児（当時2歳）が農道で成犬3頭に襲われ死亡し、同県は国家賠償請求訴訟で敗訴した。

犬は一般に人を殺傷する能力が高いため、自治体によって野犬等の捕獲が行われている（写真1）。

写真1　捕獲風景（捕獲箱と野犬等）
出典：千葉県より写真提供

(3) 周辺の生活環境への悪影響

咬傷事故に至らずとも、犬は、周辺の生活環境との関係で日常的にトラブルの原因となっている。臭い、鳴き声、ふん害など、枚挙にいとまがない。例えば、鳴き声のトラブルを回避するために、動物愛護の観点からはその是非の評価は分かれそうであるが、犬の声帯手術が行われているようである。

なお、動物の愛護及び管理に関する法律では、周辺の生活環境の保全に係る措置の規定を置いている。また、例えば、犬のふん害防止条例を定めている自治体もある。

3　犬をめぐる問題②〜多頭飼育

最後に、犬を適正に飼養できないにもかかわらず数十頭もの犬を飼う「多頭飼育問題」を取り上げる（写真2）。多頭飼育問題は全国的に発生しており、2に掲げる問題（狂犬病・咬傷事故・周辺の生活環境への悪影響）を包含するほか、共食いや皮膚病などを招来するため動物愛護の観点からも問題がある。もちろん、去勢や不妊などは行われないので、不幸な命が後を絶たない。

column ① ペット（犬）の無責任な飼養

飼い主が死亡したり、行方不明になったりすることもあり、動物愛護団体と行政が連携して、その対応に当たっている。

「動物愛護管理のあり方検討報告書」（中央環境審議会動物愛護部会動物愛護管理のあり方検討小委員会、平成23年12月）でも取り上げられているところであるが、多頭飼育の禁止や届出などといった規制をしている自治体もある。

写真2　多頭飼育
出典：千葉県より写真提供

2　ペット霊園の設置・管理の規制

■ペット霊園設置許可・変更許可申請書

第1号様式（第2条関係）

　　　　　　　　　　　　　　　　　　　　　　　　　　年　　月　　日

　　　　　　　　　　　ペット霊園設置許可・変更許可申請書

鎌ケ谷市長　　　　　　　　様

　　　　　　　　　　　　　　　申請者　住　所
　　　　　　　　　　　　　　　　　　　氏　名　　　　　　　　　印
　　　　　　　　　　　　　　　　（法人にあっては、事務所の所在地、
　　　　　　　　　　　　　　　　　名称及び代表者の氏名）
　　　　　　　　　　　　　　　　　電話番号

　ペット霊園の設置（変更）の許可を受けたいので、鎌ケ谷市ペット霊園の許可等に関する条例第4条第1項（第5条第1項）の規定により、下記のとおり関係書類を添えて申請します。

　　　　　　　　　　　　　　　　記

1　ペット霊園の名称

2　ペット霊園の設置場所

3　ペット霊園の設備の処理能力

4　ペット霊園の設備の位置、構造等の設置に関する計画

5　ペット霊園の設備の維持管理に関する計画

　　　　　　　　　　　　　　鎌ケ谷市ペット霊園の許可等に関する条例施行規則第1号様式

第3章　健康・環境衛生

前提となる基礎知識

①ペット霊園とは

　ペット霊園とは、一般に人に飼育されていた犬、猫その他の愛玩動物が死亡したときにその死体を埋葬する施設をいい、火葬施設と並置されることが多い。

　廃棄物の処理及び清掃に関する法律では動物の死体を「廃棄物」とするが、厚生労働省の解釈によると、動物の霊園事業者が動物の死体の処理（引取り、火葬、墓地埋葬等）を行う場合には廃棄物処理に該当しないとしており、これらの事業者は同法に規定する許可を要しないこととなる。

②ペット霊園条例

　一方、飼い主も家族の一員として長年可愛がってきたペットを丁寧に埋葬・供養したいとの希望もあり、全国で数百か所のペット霊園が設けられているという。

　他方、ペット霊園の設置及び管理については、墓地、埋葬等に関する法律などの法律がなく、墓地等の設置が規制されている場所にも設置が可能であり、近隣住民とのトラブルが発生する例が少なくない。例えば、火葬施設から出る排煙の異臭に対する苦情や住宅地への設置による嫌悪感による苦情などが典型である。そのため、住宅が多く都市化が進む関東近県を中心に相当数の自治体でペット霊園・火葬施設の設置や管理について規制を行う条例（**⇒チャート図次ページ**）が制定されている。

　その概要は、次頁のチャート図のとおりである。

　なお、自治体が独自でペット専用の焼却施設を設ける場合がある。例えば成田市、仙台市、高松市などがその例である。

2　ペット霊園の設置・管理の規制

チャート図　○○市ペット霊園の許可等に関する条例

＊複数の自治体の条例を参考に作成

【目的】　○（視点）公衆衛生その他公共の福祉の見地　○（手段）霊園の許可の基準を定める
　　　　○（究極目的）市民生活の環境保全に資する

【定義】　○ペット霊園

手段

【許可制】
○ ペット霊園を設置しようとする場合
○ 許可を受けた区域又は施設を変更する場合
　↓
○ 許可申請

【許可基準】
○ 住宅、学校、保育所、公民館、病院等の敷地からの距離
　① 火葬施設の場合　○○○m以上
　② 埋葬施設の場合　○○m以上
○ 隣接土地所有者の同意
○ 河川又は湖沼からの距離　○○m以上
○ ペット霊園の構造及び設備等が規則で定める基準に適合
○ 関係法令との調整の確保

【事前協議等】
○ ペット霊園の計画及び変更計画について、市長と事前協議
　→ 建設予定地に標識の設定
○ 建設予定地周辺の住民及び土地所有者に対する説明会の開催 → 経過を市長に報告
○ 建設予定地周辺の住民及び土地所有者に対する協議 → 協議内容を市長に報告

【維持管理】　○ ペット霊園の維持管理計画に従った維持管理の実施

【届出】
○ 地位の承継届出　← 霊園の譲受人
○ 工事完了届 → 許可基準に適合しない場合は、必要な指導を実施
○ 設置者の氏名、ペット霊園の名称等の変更届出
○ ペット霊園の廃止届出

実効性確保

【改善勧告】○ 許可基準違反がある場合、工事完了後の指導に従わない場合及び維持管理を適正に行わない場合
【改善命令】○ 改善勧告に従わない場合
【許可の取消し】○ 不正な手段により許可を受けた場合及び改善勧告に従わない場合
【使用禁止命令】○ 許可の取消しを受けた場合及び無許可設置の場合

○ 報告の徴収
○ 立入調査

違反者について、氏名の公表又は罰則

1　ペット霊園規制条例の内容

ペット霊園の許可等に関する条例（以下「ペット霊園規制条例」という。）の内容は、各自治体によって若干の相違はあるものの、おおむね次のとおりである。

① 霊園や火葬施設（以下「霊園等」という。）の設置には、自治体の長の許可が必要

② 霊園等には施設基準を設け、住宅等から一定の距離を保つなどの距離制限と火葬施設に防臭・防塵等について一定以上の性能を要求

③ 許可に際して自治体の長との事前協議のほか、近隣住民への説明会の開催・事前協議の実施を義務付け

④ 自治体の長による立入調査、報告の徴収等の権限を規定

⑤ 自治体の長による改善勧告、許可の取消し、使用禁止命令等を行う権限を規定

⑥ 使用禁止命令等の実効性を確保するため、違反事業者について氏名の公表制度を用意（罰則を規定する例もある。）

2　論点・問題点等

ペット霊園規制条例には次のような論点ないし問題点がある。

① 氏名公表制度を設ける場合に、義務違反を行った事業者に対してどのような配慮をすべきか。

　氏名の公表制度は、義務履行確保の手段として高い効果が期待されるが、氏名を公表された者にとっては深刻な不利益を与える可能性があるので、公表に先立って利害関係者に意見書の提出や弁明の機会を付与するなど何らかの事前手続きを行うことが適当である。

② 氏名を公表されることとなった事業者がこれを阻止しようとする場合、どのような法的手段が考えられるか。

　公表により自己の権利利益が侵害されるおそれがあると思料する当事者は、その前提となる義務を付加する行為（施設の使用禁止命令等）についてその取消訴訟を認めるとする考え方や人格権に基づく差止請求を認めるという考え方もある。

③ 使用禁止命令を発したにもかかわらず、事業者がこれを無視した場合に、多くの条例は氏名の公表を予定しているが、その他に有効な義務履行確保手段があるか。

　ペット霊園規制条例に基づく施設の使用禁止命令は、事業者に対して霊園施設

を使用しないことすなわち不作為を求めるものである。行政法上の義務履行確保の有力な手段として、行政代執行があるが、これは作為義務違反に対して行うべきことが想定されており、不作為について行政代執行を行うことは法の要件を欠き、不可能である。

また、事業者を相手取ってペット霊園の使用の禁止を求める民事訴訟を行政が提起するという方法も考えられるが、行政権の主体として住民に臨む場合には、条例に基づく義務の履行確保を目的とする民事訴訟の提起を認めない最判平成14・7・9（宝塚パチンコ事件）がある。

④ ペット霊園規制条例の設置の許可の要件として隣接土地所有者の同意を得ることとする例が多いが、法的に問題はないか。

何らかの開発行為を行う際に、周辺住民等との紛争を事前に防止するために、隣接土地所有者の同意を得ることを許可要件とする条例の例が散見される。こうした制度は、ある土地の所有者が当該土地の使用・収益・処分を行う際に、隣接土地所有者の自由裁量的な判断によって、任意にこれを行えなくなることを意味しており、憲法第29条に違反する懸念がある。

なお、都市計画法は、開発行為を行おうとする者は関係する公共施設の管理者の同意を得なければならない旨規定するが、ペット霊園規制条例における隣接土地所有者同意制もこれを参考にしたということであれば、ペット霊園が公共施設管理者同意制におけると同様の公共性を具備しているかどうかの検証が必要であろう。

3　さらに検討すべき問題

① ほとんどのペット霊園規制条例は「許可制」を採用しているが、罰則（行政法上の制裁）を規定しない条例は許可制といえるか。

② 命令違反者に対して氏名の公表制度を採用した場合、当該氏名の公表は事実行為か、行政処分か。氏名公表制度は、行政法上の制裁といえるか。

3 埋葬と火葬の許可

■死亡届

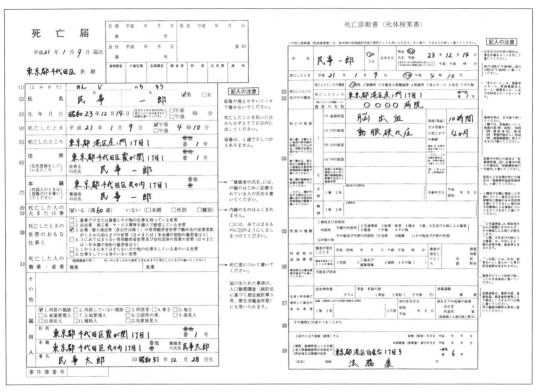

出典：法務省ホームページ

前提となる基礎知識

1 はじめに

行政は「ゆりかごから墓場まで（from the cradle to the grave）」といわれるように、人が誕生してから亡くなるまで様々な分野でかかわっている。ここでは人生の最後のステージである埋葬と火葬の許可について取り上げる。

2 葬送の歴史

我が国の葬送の方法をみると、仏教文化の伝来が始まるまでは土葬であった。仏教が生まれたインドでは古来から火葬が行われており、それを仏教徒が荼毘（だび）と称し、仏教の伝播とともにアジアに広め、我が国にも火葬が伝えられた。我が国では、文武天皇4年（700年）に僧の道昭が遺言によりその遺体を火葬にさせたのが、文献上の始まりとされる。その後、大宝2年（703年）には、持統天皇が

歴代の天皇としてはじめて火葬にされ、続いてその孫であった文武天皇と元正天皇、その母であった元明天皇が火葬にされ、奈良時代には火葬は皇室や宮廷貴族で流行するところとなった。

　平安時代に入ると、火葬は次第に庶民にも浸透し、地方でも行われるようになっていった。しかし、鎌倉時代以降、庶民の間では、まだまだ土葬への執着も強く、浄土真宗を信仰する地域のように火葬が広く浸透した地域もあるものの、その普及は必ずしも急速ではなかった。江戸時代に入ると、皇室もまた土葬にかえり、幕府や大名、武士たちの多くも土葬とされた。

　明治維新直後、廃仏毀釈運動が起こり、我が国の慣習に反し、仏教文化の神髄であるとみなされた火葬は禁止された。しかし、数は少ないが全国的に普及していた火葬を禁止することは事実上困難であり、すぐに撤回された。明治から大正、そして昭和初期まではまだ圧倒的に土葬が多かったが、戦後、火葬は急速に普及することとなった。その後、都市化の進展に伴う大家族の崩壊、核家族化を背景に、火葬の普及率は昭和40年ころには30％を超え、今日では99％を超える状況になっている。

③葬送法制の歴史

　近代の葬送法制は、上に述べた明治初期に廃仏毀釈運動を背景に火葬を禁止した明治6年（1873年）の「火葬の儀自今禁止候条此旨布告候事」という太政官布告（第253号）にはじまる。火葬の禁止は、すぐさま明治8年（1875年）の太政官布告（第89号）により解除された。

　明治17年（1884年）には、その後長く墓地及び葬送法制の基本となった「墓地及埋葬取締規則」（明治17年太政官布達第25号）、「墓地及埋葬取締規則施行方法細目標準」（明治17年内務省達乙第40号）及び「墓地及埋葬取締規則に違背する者処分方」（明治17年太政官達第82号）が制定された。これらによって墓地及び火葬場の立地等が制限されるとともに、埋火葬は死後24時間を経過しなければならず市町村長の認可を受けることなどとされ、違反者は違警罪として処罰することとされた。

　戦後の昭和22年（1947年）に、埋火葬の認許について「墓地及埋葬取締規則」を補完する「埋火葬の認許等に関する件」（昭和22年厚生省令第9号）が定められ、死体（死胎）の埋葬、火葬・改葬の手続等について規定された。

　その後、昭和22年5月から日本国憲法が施行されることに伴い、同年4月に「日本国憲法施行の際現に効力を有する命令の規定の効力等に関する法律」（昭和22年法律第72号）が制定され、前記の「墓地及埋葬取締規則」、「墓地及埋葬取締規

則に違背する者処分方」及び「埋火葬の認許等に関する件」の3つの命令が昭和23年(1948年)7月15日までの期間限定でいずれも法律として扱うものとされた。これらの法律は期間内に新たに法律として制定されない限り効力を失うとされたため、昭和23年5月に現行の墓地、埋葬等に関する法律（以下「墓埋法」という。）が制定され、これに基づき同年7月に墓地、埋葬等に関する法律施行規則が定められた。同法は、過去の命令の趣旨を踏まえ、墓地の管理や埋葬等が国民の宗教的感情に適合し、かつ、公衆衛生その他公共の福祉の見地から支障なく行われることを目的としている。

1 死亡・死産から火葬・埋葬まで

死亡から埋葬までのフローを図示すれば、次のようになる。

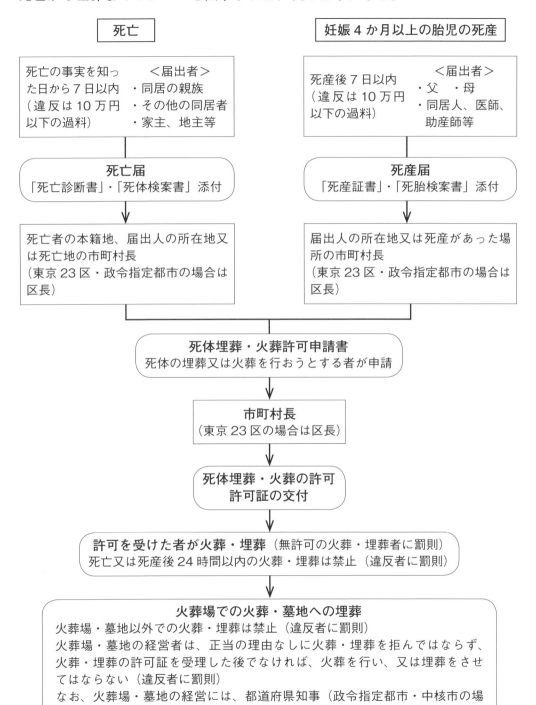

＊ 罰則は、いずれも1万円以上2万円以下の罰金、拘留又は1,000円以上1万円未満の科料（刑法及び罰金等臨時措置法により金額は、法定額より増額されている。）

死亡届・死産届と死体埋葬・火葬許可申請書は、先に述べたように一体的な書式とすることが認められており、実務でもそのように取り扱われていることが多い（政令指定都市では、埋葬・火葬の許可権限を市長から区長に委任することによりその申請先を区長に変更して書式の一体化を図っている例が多い。）。

なお、最近では書類の窓口への持参や受取りを、葬儀を請け負った葬儀会社が代行している事例が大変多くなっている。

死体埋葬・火葬許可申請書

許可年月日	年　　月　　日
許可番号	第　　　　　号

死　体　埋葬／火葬　許　可　申　請　書

死亡者の本籍		番地／番
死亡者の住所		番地／番　棟　号
死亡者の氏名		
死亡者の性別	男　女　死亡者の生年月日　明治・昭和／大正・平成　年　月　日生	
死因	1．一類感染症等　　2．その他	
死亡年月日時	年　月　日　午前／午後　時　分	
死亡の場所		番地／番　棟　号
埋葬／火葬の場所		
申請者の住所		番地／番　棟　号
氏名・死亡者との続柄	氏名　　　　　　　　　　㊞　続柄	

年　　月　　日
（宛先）○○市長

死体埋葬・火葬の許可を与えるときは、死体埋葬・火葬許可証が交付される（政令指定都市では、埋葬・火葬の許可権限を市長から区長に委任することによりその申請から許可までを区長限りで執行できるようにしている例が多い。）。

死体埋葬・火葬許可証

```
┌─────────────────────────────────────────────────────────────┐
│  ┌──────┬──────────────┐                                    │
│  │ 許可番号 │ 第      号   │                                    │
│  └──────┴──────────────┘                                    │
│                                                              │
│          死 体  埋葬  許  可  証                             │
│               火葬                                           │
│  ┌──────────┬────────────────────────────────────────┐      │
│  │ 死亡者の本籍 │                              番地/番     │      │
│  ├──────────┼────────────────────────────────────────┤      │
│  │ 死亡者の住所 │                        番地/番  棟    号 │      │
│  ├──────────┼────────────────────────────────────────┤      │
│  │ 死亡者の氏名 │                                        │      │
│  ├──────────┼──────┬─────────┬─────────────────────┤      │
│  │ 死亡者の性別 │ 男 女 │死亡者の生年月日│明治・昭和 年 月 日生│      │
│  │          │      │         │大正・平成          │      │
│  ├──────────┼──────┴─────────┴─────────────────────┤      │
│  │ 死    因 │ 1．一類感染症等    2．その他              │      │
│  ├──────────┼────────────────────────────────────────┤      │
│  │ 死亡年月日時 │     年   月   日 午前/後  時  分        │      │
│  ├──────────┼────────────────────────────────────────┤      │
│  │ 死亡の場所 │                       番地/番 棟  号   │      │
│  ├──────────┼────────────────────────────────────────┤      │
│  │ 埋葬の場所 │                                        │      │
│  │ 火         │                                        │      │
│  ├──────────┼────────────────────────────────────────┤      │
│  │ 申請者の住所 │                       番地/番 棟  号   │      │
│  ├──────────┼──────────────────────┬──────────────┤      │
│  │氏名・死亡者との続柄│ 氏 名              │ 続柄         │      │
│  └──────────┴──────────────────────┴──────────────┘      │
│                    年  月  日                               │
│                         ○○市長         ┌──┐              │
│                                        │印│              │
│                                        └──┘              │
└─────────────────────────────────────────────────────────────┘
```

2 墓埋法による埋葬に関する規制

　墓埋法は、墓地、納骨堂又は火葬場の経営を許可制とするなどそれらの管理について定めるとともに、埋葬及び火葬について次のような規定を定めている。

　まず、2章（3条～9条）においては、埋葬及び火葬に関する手続を定めている。これによれば、①埋葬又は火葬は、死亡又は死産後24時間を経過した後でなければ行えないこと、②埋葬は墓地以外の区域では行えず、火葬は火葬場以外の施設では行えないこと、③埋葬又は火葬を行おうとする者は、死亡又は死産地の市町村長（東京都23区の場合には区長。以下同じ。）の許可を受けなければならず、市町村長は、埋葬許可証、火葬許可証を交付しなければならないこと、④死体の埋葬又は火葬を行う者がいないときは、死亡地の市町村長がこれを行わなければならないこととされている。

　次に、3章においては、①墓地、納骨堂又は火葬場の管理者は埋火葬について応諾義務を有すること、②墓地、納骨堂又は火葬場の管理者は埋葬許可証、火葬許可証を受理した後でなければ埋葬、火葬を行えず、また、管理者には所定の帳簿の備付等の義務があることなどを定めている（13条～17条）。

3 死亡又は死産の届出

埋葬又は火葬の許可を受けるためには、まず、死亡又は死産の届出を市町村長にしなければならない。

死亡の場合には、その同居の親族等は、死亡者の本籍地、届出人の所在地又は死亡地の市町村長（東京都23区及び政令指定都市の場合は区長）に対し、死亡の事実を知った日から7日以内に、医師の死亡診断書又は死体検案書を添付して死亡の届出をしなければならない（戸籍法25条、86条～88条）。また、妊娠4か月以上の胎児が死産した場合には、父母等は、届出人の所在地又は死産があった場所の市町村長（東京都23区及び政令指定都市の場合は区長）に対し、死産後7日以内に、医師又は助産師の死産証書又は死胎検案書を添付して死産の届出をしなければならない（死産の届出に関する規程（昭和21年厚生省令第42号）。この省令は、ポツダム宣言の受諾に伴い発する命令に関する件に基く法務府関係諸命令の措置に関する法律（昭和27年法律第20号）3条により法律としての効力を有する。）。

実務においては、埋葬又は火葬の許可申請が死亡又は死産の届出と同時になされることが大半であり、また、許可申請書の記載事項と届出の届出事項とは重複するものが多いことから、両書類を合体した書式による一体的な申請及び届出の取扱いの便法が認められている。

4 埋葬に関する判例

墓埋法による埋葬に関する判例は少ないが、墓埋法13条による墓地の管理者の埋葬についての応諾義務に関する通達の取消しが争われた事件として最判昭和43・12・24がある。

|判 例| 最判昭和43・12・24

【事実】

墓埋法第13条は「墓地の管理者は、埋葬の求めを受けたときは、正当な理由がなければ拒んではならない」とし、それに違反した者は第21条により罰則に処せられることとなっている。これについて、厚生省環境衛生課長は、昭和24年（1949年）8月に東京都衛生局長に対して「従来から異教徒の埋葬を取り扱っていない場合で、その仏教宗派の宗教的感情を著しくそこなうおそれがある場合には、『正当の理由』があるとして（埋葬を）拒んでも差し支えない」との通達（昭和24年8月22日付け環衛発第88号）を発した。

その後、ある宗教団体と既成の宗教団体との間で対立関係となり、後者の経営す

る墓地に前者に加入する者の埋葬が拒否される事件が全国で発生した。

そこで、厚生省公衆衛生部長は、同省公衆衛生局長から内閣法制局長に照会し、「依頼者が他の宗教団体であることのみを理由として埋葬の求めを拒むことは『正当の理由』によるものとはとうてい認められない」との回答（昭和35年2月15日付け法制局一発第1号）を得た上で、昭和35年（1960年）3月に各都道府県指定都市衛生主管部局長に対し、「今後はこの回答の趣旨に沿って解釈運用することにしたので、遺憾のないよう処理されたい」との通達（昭和35年3月8日付け環衛発第8号）（以下「本件通達」という。）を発した。

Aは墓地を経営していたが、宗教慣習上の原則等に違反する違法な本件通達によって、異教徒の埋葬の受忍が刑罰をもって強制され、墓地所有権が侵害され、無承諾のまま埋葬を強行されたなどとして、厚生大臣を被告として本件通達の取消しを求める行政訴訟を提起した。

【争点】

通達が行政訴訟の対象となる処分に該当するか。つまり、通達が国民の権利義務を規律する法規に該当するか。

【判旨】

第一審（東京地判昭和37・12・21）、控訴審（東京高判昭和39・7・31）は、いずれも通達の処分性を認めず、本件訴えを不適法として却下したため、Aはさらに上告した。

最高裁判所は、次の理由により上告を棄却した。

本件通達についてみれば、従来の法解釈や取扱いを変更しているが、本件通達が直接にAの墓地経営権・管理権を侵害したり、新たに埋葬の受忍義務を課したりするものではない。また、墓埋法第21条違反の有無についても、裁判所は本件通達による法解釈に拘束されず、墓埋法第13条の正当の理由の判断にあたっては、本件通達に示されている事情以外の事情をも考慮すべきものと解されるから、本件通達から直ちにAが刑罰を科せられるおそれがあるともいえない。さらにAの主張する損害や不利益は、本件通達により直接被ったものではない。

【参考文献】生活衛生法規研究会監修『新版　逐条解説　墓地、埋葬等に関する法律』（第一法規）

column ② 散骨と埋葬

1 散骨という葬送方式

散骨とは、「死者の遺骨を粉にして海や山などにまく葬礼」とされる[注1]。

平成10年6月に出された厚生労働省の「これからの墓地等の在り方を考える懇談会」報告書では、「第1 墓地をめぐる現在の状況」中の「5 散骨の出現」で「散骨を葬送として容認する人の割合は、(中略)本年(平成10年)の調査では7割を超え、散骨についての理解が進んでいることが伺える。」としている。

しかし、同報告書には地域住民から苦情が出たケースを示して、「散骨については、その実施を希望する者が適切な方法によって行うことは認められようが、その方法については公認された社会的取決めが設けられることが望ましい。」と記載されている[注2]。

この後、平成16年3月に、札幌市のNPOが長沼町内で散骨事業を実施するとして、有限会社を設立し、住民の反対にもかかわらず、事業を強行しようとする事態が発生した[注3]。

長沼町は、これに対して「長沼町さわやか環境づくり条例」を制定し、焼骨(顆粒状のものを含む。)の散布を一律に禁止した[注4]。

散骨という葬送方式については、墓地、埋葬等に関する法律(以下「墓埋法」という。)による規制の対象となるか、また、遺骨の遺棄等として刑法190条の死体等損壊罪に該当するかといった法律問題が存在する[注5]。

2 墓地、埋葬等に関する法律関係

前述の「これからの墓地等の在り方を考える懇談会」報告書は、要約すれば、散骨について墓埋法は原則として規制しておらず、埋葬又は焼骨の埋蔵(墓埋法4条)に当たらない限り、自由である。ただし、衛生上または国民の宗教的感情上の問題を生じるような方法で散骨が行われる場合には、墓地埋葬行政上、規制の対象となる。具体的な規制は、自治体単位で条例によってコントロールするべきであるとした。

この点、「長沼町さわやか環境づくり条例」による対応は、条例による規制という点では、報告書の趣旨に沿っている。ただし、粒子の細かい粉状の焼骨を散布することは禁止対象から除外されているようであり、焼骨の定義のところで、社会通念や宗教感情と折り合いをつけたように思われる。

3 刑法190条の死体等損壊罪の成否について[注6]

刑法190条の死体等損壊罪の客体の一つとして、遺骨が掲げられている。

ここでいう遺骨とは、「死者の祭祀のために埋葬された死者の骨」とされる(注7)。

そして、犯罪を構成する行為としては、「遺棄」と「損壊」という類型がある。ここで遺棄とは、社会通念上埋葬と認められないような態様で放棄することとされる。損壊とは物理的破壊とされる(注8)。

この犯罪の保護法益は、国民の広い意味の宗教感情である。

そうすると、散骨の場合、二つの問題がある。まず、散骨は、火葬された焼骨を粉にするという作業を経る。この作業自体が、宗教感情を害するということであれば、埋葬のために焼骨とされた死者の骨を物理的に破壊するのであるから、散骨の準備をしただけで、遺骨損壊罪となる。

しかし、法務省も非公式見解ながら、散骨の場合は、葬送目的で、節度を持って行われる限りは、刑法に抵触しないとしている。よって、遺骨を散骨目的で粉にすることは、通常、遺骨損壊罪には当たらないと考えてよいようである(注9)。

次に、最も問題と思われるのは、粉にした焼骨を環境中に散布する行為の評価である。しかし、この行為も、社会通念上埋葬と認められる態様であれば、宗教感情を害することはなさそうである。したがって、散骨が葬送の形態をとって行われる限り、刑法的には遺骨遺棄罪も構成しないと思われる。

ところが、実際には、沖合の海上であればともかく、地上に散布された人骨の粉が人目に触れるのであれば、地域の風評を下げる等の問題が発生することが容易に予想され、刑法的評価とは別に、周辺住民の宗教的感情と調和できるように何らかの法的コントロールが必要な場面があると推測される。

節度ある散骨の自由を確立するためにも、自治体の工夫により条例によるコントロールが期待されるところである。

(注1) 岩波書店『広辞苑　第6版』
(注2) 厚生労働省衛生局『これからの墓地等の在り方を考える懇談会報告書』(平成10年6月)
(注3) 『自治体法務研究』2006年春号49頁　先進・ユニーク条例　北海道長沼町さわやか環境づくり条例 (散骨規制条例)
(注4) 長沼町条例　平成17年第10号
(注5) 『自治実務セミナー』2006年 vol.45 NO.3　4頁　阿部泰隆　政策法学演習講座23「散骨」(散灰) はいかなる態様で行えば適法になるか——長沼町散骨禁止条例の検討
(注6) 刑法190条　死体、遺骨、遺髪又は棺に納めてある物を損壊し、遺棄し、又は領得した者は、3年以下の懲役に処する。
(注7) 前田雅英『刑法各論講義　第5版』585・586頁
(注8) 同書　586頁
(注9) 平成3年10月18日の法務大臣記者会見大臣談話『自治体法務研究』2006年春号46頁

第3章 健康・環境衛生

4　産業廃棄物の不法投棄対策

■マニフェスト（産業廃棄物管理票）の例

出典：公益社団法人全国廃棄物連合会ホームページ

4　産業廃棄物の不法投棄対策

前提となる基礎知識

1　千葉県における産業廃棄物の不法投棄の状況（平成12年度）

「千葉県における産業廃棄物の不法投棄等の実態について」が公開されている。これは、千葉県が平成13年度に制定した千葉県廃棄物の処理の適正化に関する条例（以下「千葉県条例」という。）の立法事実のレポートである[注1]。

これによれば千葉県は、環境省調査による全国の産業廃棄物の不法投棄件数・投棄量（平成12年度）のうち、件数で93件、投棄量は12万1,404tで、件数はともかく、投棄量は全国の投棄量の30％を占める状況で群を抜いて多かった。

この点について、上記レポートは、次の表を掲げている。

表1　平成12年度の関東地方都道府県別不法投棄件数・投棄量

自治体名	茨城	栃木	群馬	埼玉	東京	神奈川	新潟	山梨	長野	千葉
件数	106	30	10	3	0	0	47	1	19	93
投棄量（t）	69,150	2,216	597	43	0	0	6,424	150	9,751	121,404

（環境省資料：10t未満の投棄については、除外されている。）

2　不法投棄の量的な把握

上記レポートによれば、千葉県内での不法投棄は、平成12年度末までに次表のとおり、件数にして800件以上であり、量にして1,000万m^3を超えたと推計されている。

表2　年度別新規発生不法投棄現場 解決・未解決数

年度	平成8年度	平成9年度	平成10年度	平成11年度	平成12年度
新規発生件数	100	114	133	133	160
年度内解決	39	51	55	38	61
未解決件数	61	63	78	95	99
未解決合計	233（平成7年度以前を含む）	296	374	469	568 ※(817)

※12年度中の再調査箇所を含む。

（注1）千葉県ホームページ
　　http://www.pref.chiba.lg.jp/shigen/dokujijourei/tekiseika/index.html#a02

③ 不法堆積の状況

このほか、上記レポートによれば、保管基準を上回る不法な堆積が、次表のとおり 150 か所以上あり、量にして 100 万 m³ に及んだとされている。

表3　不法堆積箇所数 平成 13 年 9 月 30 日現在（千葉市域は除く）

支庁	千葉	東葛	印旛	香取	海匝	山武	長生	夷隅	安房	君津	計
現場	32	3	31	13	4	26	11	4	5	21	150
保管量が 1,000m³ 以上	25	3	18	7	3	9	9	2	－	18	94
かつ 100 m 以内に民家	15	－	6	2	2	5	7	－	－	10	47

④ マニフェスト伝票の流れの解説

ここでは、積替え保管施設を経由しないで最終処分するための 7 枚複写の伝票（直行用）を例とする。

① 各票の役割は、次のとおりである。

A 票	排出事業者の控え　図の②
B1 票	処分業者への運搬終了後に運搬業者の控えとなる。図の④
B2 票	処分業者への運搬終了後、運搬業者から排出事業者に返送され、排出事業者が運搬終了を確認する。図の⑤
C1 票	処分終了後、処分業者の控えとなる。図の③の一部
C2 票	処分終了後、処分業者から運搬業者に返送され、運搬業者が処分終了を確認する。
D 票	処分終了後、処分業者から排出事業者に返送され、排出事業者が処分終了を確認する。 D 票は、処分業者から処分終了後 10 日以内に回付されるので、排出にかかる A 票、運搬に係る B2 票、中間処理にかかる D 票を照らし合わせて運搬及び処分が終了したことを確認し、排出事業者は、D 票を受け取った日を記入して 5 年間保存する。図の⑦
E 票	最終処分終了後、処分業者から排出事業者に返送され、排出事業者が最終処分を確認する。 最終処分まで終了した後に処分業者から E 票が回付されるので、A・B2・D・E 票を照らし合わせて最終処分が終了したことを確認し、E 票に受け取った日付を記入し、5 年間保存する。

② 1次マニフェストと2次マニフェスト

1次マニフェストとは、産業廃棄物の処理を委託する際に、排出事業者が公布する通常のマニフェスト伝票である。

これに対して2次マニフェストとは、中間処理業者が中間処理後に発生した産業廃棄物（例えば木くずを中間処理して焼却した後に生成された焼却灰など）をさらに処分業者に委託する際に中間処理業者が公布するマニフェスト伝票である。2次マニフェストによって、中間処理業者は最終処分を確認して排出事業者にE票により最終処分を報告する。

③ 処理の流れ

ア 産業廃棄物を排出する事業者が、必要事項を記入して収集運搬業者にマニフェストを交付する。図の①

イ 排出事業者は交付したマニフェストの控えとして収集運搬業者の署名・押印したA票を受け取り、5年間保管する。図の②

ウ 収集運搬業者は、廃棄物をB1からEまでの各票とともに焼却等の中間処理業者に運搬する。図の③

エ 中間処理業者は、廃棄物を受け取る際に、運搬に係るB1及びB2票を収集運搬業者に返却し、処理を開始する。図の④

オ B1票及びB2票を受け取った収集運搬業者は、B2票を排出事業者に送付する。図の⑤

カ 中間処理業者は、処分終了後、C1票を保管するとともに、C2票を収集運搬業者に送付する。これによって収集運搬業者は、処分を確認する。図の⑥

キ 中間処理業者は、処分終了後、D票を排出事業者に送付する。排出事業者は、これによって、中間処理を確認する。図の⑦

ク 中間処理業者は、最終処分確認後、E票を排出事業者に送付する。排出事業者は、これによって、最終処分を確認する。図の⑧

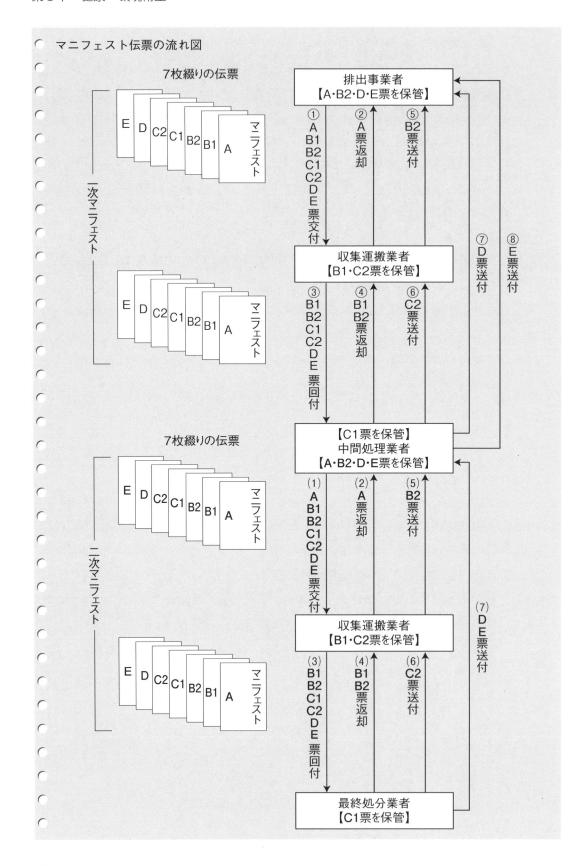

1 廃棄物条例の概要

　このような千葉県における産業廃棄物の不法投棄に対応するため、千葉県条例が策定された。この条例は、政策フレーム条例の形式を踏んでいるが、その実質は、規制条例である。

　特に、産業廃棄物を排出する事業者が自ら処理する場合（以下「自社処理」という。）に対する規制が弱い廃棄物の処理及び清掃に関する法律（以下「廃棄物処理法」という。）の弱点を補う形で、次の4つの制度を導入している。不法投棄に対する取締りの現場で、自社処理であることを理由に規制外であると主張する事業者に対して、他社からの委託を受けていないか事実を確認する手段を確立するとともに、法規制未満の小規模の処理施設についても、許可制とすることで、規制のがれを防止しようとしたものと考えられる。

(1) 廃棄物処理票

　廃棄物処理法上は、自社処理について、いわゆるマニフェスト伝票[注2]（廃棄物管理票）は必要とされていない。しかし、千葉県においては、自社処理と称する不法投棄や不法堆積が、全国的にも例がないほどの規模となったため、自社の事業場の外に設置する施設を利用する自社処理の場合にも廃棄物処理票を作成・交付し、自社の処理が完結するまでの間、携行すること及び3年間の保存を義務付けた。

(2) 自社処分場への搬入時間の制限

　不法投棄が起こりやすい夜間は、自社処分場への搬入といえども、産業廃棄物の搬入を制限することによって、周辺住民や行政庁の監視が実施しやすい状況を作り出すしくみである。自社処理に関しては、夜陰に乗じて行われる不法投棄との差別化を図り、不法投棄に向かう車両等をあぶりだす必要があった。

　そのため、自社処分場（積替保管・中間処理・最終処分）への夜間（午後10時から午前6時まで）の搬入の原則禁止及び違反行為に対する中止命令が規定されているものと理解できる。

(3) 産業廃棄物処理業者等の講ずべき措置

　この千葉県条例の立法事実が収集されていた平成13年当時は、産業廃棄物の収集運搬車両について、許可を有する事業者の運行する車両であるかどうかを簡単に識別する手段がなかった。

　このため、夜間を含め、自社の処分施設に向かう車両なのか、処理の委託を受けて処理業として運搬している車両なのか、外見からは識別ができなかった。

第3章　健康・環境衛生

そこで、収集運搬業の許可を有する事業者の登録車両について、標章（ステッカー）による表示の義務付け（許可番号・事業者名その他規則で定める事項を表示）を行い、少なくとも許可を得た事業者であるのかどうかを外見から識別できる手がかりを得ようとしたものと理解できる。

この措置については、現在では、廃棄物処理法上も表示が義務付けられ、許可業者のみならず、排出事業者が自ら運搬する場合にも、産業廃棄物を運搬している旨と排出事業者名を表示する（これに加え、許可業者は許可番号を表示する）ことが義務付けられている。結果的に、法律が条例を後追いした例となっている。

(4)　**小規模産業廃棄物処理施設の許可制**

当時、1時間当たりの処理能力が200 kg未満の焼却炉について許可が不要とされていた（汎用タイプの小型焼却炉の場合）。ところが、自社処理と称して、不正に廃棄物の処理を受託し、保管限度を超えて大量の産業廃棄物を積み上げ、小型焼却炉をいわば隠れミノとして利用する例が千葉県で発生していた。

そこで、小規模焼却炉（法による設置許可対象施設以外で事業場外に設置するものに限る。）について、①1時間当たり処理能力が50 kg以上、②火格子面積又は火床面積が0.5 m^2 以上、③燃焼室容積が0.7 m^3 以上のいずれかに該当するものは、自社処理用といえども許可制とした。

同様の趣旨から以下の2種の施設についても許可制としていると考えられる。

ア　破砕施設（事業場外に設置するものに限る。）

　　廃プラスチック類、木くず又はがれき類の破砕施設で1日当たりの処理能力が5 t以下のもの（下限なし。）

イ　積替保管施設（事業場外に設置するものに限る。）

　　事業者が排出した産業廃棄物を自ら運搬又は保管の用に供する積替保管施設（面積については、100 m^2 以上のもの。）

2　千葉県条例の効果の検証

千葉県条例施行の平成14年10月から10年が経過しており、その後、千葉県における廃棄物の不法投棄がどのように推移したかを見ることで、千葉県条例の効果

(注2) 62頁のマニフェスト伝票の流れ図（図は群馬県ホームページ http://www.gunma-sanpai.jp/gp03/005.htm から引用している。なお解説については、同ホームページを基にさらに説明を補充している。）参照。廃棄物処理法においては、産業廃棄物は排出者責任で処理することが原則であるため（同法3条1項）マニフェストにおいても、排出事業者が最終処理を確認できるように作られている。

4 産業廃棄物の不法投棄対策

を検証することができる。

そこで、環境省が発表している資料を参照することで、千葉県の不法投棄のその後を確認することとする。

表4　不法投棄件数・投棄量の推移（千葉県、平成8～24年度）

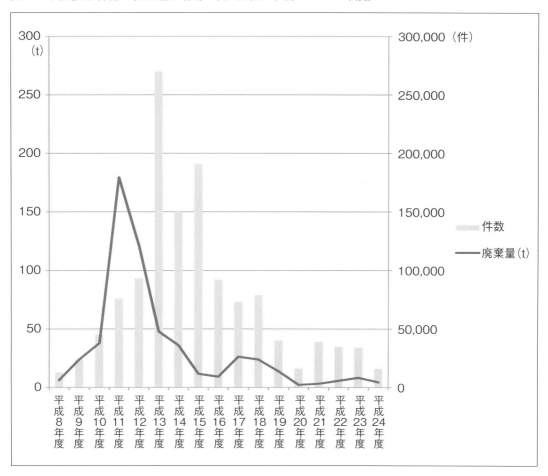

表5　不法投棄件数・投棄量の推移
　　　（関東地方都県別、5か年分、平成21年度新規判明事案）

都県	平成17年度		平成18年度		平成19年度		平成20年度		平成21年度	
	件数	量(t)	件数	量(t)	件数	量(t)	件数	量(t)	件数	量(t)
茨城県	101	15,564	59	10,924	39	15,260	59	35,873	36	5,848
栃木県	25	6,794	39	4,393	21	7,967	13	4,678	7	653
群馬県	37	1,108	20	491	4	201	5	178	5	550
埼玉県	1	27	1	66	0	0	0	0	0	0
千葉県	73	26,294	79	23,861	40	13,853	16	2,287	39	3,220
東京都	0	0	0	0	0	0	0	0	0	0
神奈川県	5	418	2	4,791	0	0	0	0	0	0

表4は、平成8年度から平成16年度までの不法投棄件数と投棄量の推移を都道府県別に整理した環境省の発表資料から一部分を抜粋したものである。

千葉県についてみると、不法投棄件数については、平成8年の13件、平成9年の24件、平成10年の45件、平成11年の76件、平成12年の93件、平成13年の270件となっており、平成13年のピークに向かってまさに毎年のように倍増ペースで件数が増加していたことがわかる。

しかし、千葉県条例制定後の平成14年度に至って初めて件数が150件と減少し、抑制傾向が見える。

さらに、表5の環境省資料によれば、平成19年度から平成21年度までは件数においても減少が著しく、年間16～40件程度となっている。

また、注目すべきなのは、投棄量の推移である。平成11年で約18万t、平成12年で約12万tあった投棄量は、その後漸減し、平成20年度、21年度ではそれぞれ2,000t、3,000tのレベルとなっている。他県と比較すればまだ上位に属するが、ピーク時の桁違いの不法投棄と比較すれば、明らかに件数、投棄量ともに抑制されており、廃棄物条例とこれを用いた現場での規制の効果があったと考えられる。

3 法律改正と条例の対応

産業廃棄物の処理の規制については、条例が先行し、法律が後を追うという形がしばしば発生している。上記1(3)で見たように、条例で収集運搬業の許可を有する事業者の登録車両について、標章を義務付ける規制もその一例である。さらに、平成22年の廃棄物処理法と同法施行規則の改正も、この問題を発生させた。

この改正によって、産業廃棄物の排出事業者は、排出場所以外の $300\,\text{m}^2$ 以上の規模の保管施設で建設工事に伴い生ずる産業廃棄物を保管する場合に届出を義務付けられた。しかし、この点は上記1(4)イで見たように、千葉県条例では $100\,\text{m}^2$ 以上の規模のものについて許可制である。

この場合、後から改正された法規制が、$300\,\text{m}^2$ 以上の施設について届出制であり、千葉県条例の $100\,\text{m}^2$ 以上の施設について許可制と比較して、より緩和された規制となっているのである。

事業者とすれば、$300\,\text{m}^2$ 以上の保管施設の場合、法による届出と条例による許可の両方が必要となり、法律と条例による二重規制の状態となっている。

千葉県の取りうる立法政策としては、$300\,\text{m}^2$ 以上の保管施設の法律による届出については条例の許可申請とみなすといった対応によって、事業者の負担を軽減し、

条例と法律の二重性を解消する方法もあったと思われる。しかし、そのような対応は行われていない^(注3)。

4 行政法上の論点

(1) 規制に関する比例原則

比例原則は、目的と手段のバランスを要求する。警察作用を抑制する警察比例の原則に由来するが、現在では事実行為を含む権力作用全般に通用する原則とされている^(注4)。

千葉県条例においては、法律の規制限度よりさらに小規模な焼却炉等を規制の対象とし、その方法を許可制としていることから、目的と手段の関係において、バランスがとれているかという問題がある。

つまり、届出制では目的を達しえないのかということである。上記レポートによれば、千葉県では自社処理と称して小規模な焼却炉を設置して事実上産業廃棄物の不法投棄をカモフラージュするような業態がはびこっていたようである。このような状況下では、いったんは小型焼却炉の設置を禁止した上で許可を与える形で規制しなければ、目的を達成できなかったであろう。その意味では、比例原則はクリアしていると評価できる。

(2) 法律と条例の関係（上乗せ規制等）

法律と条例の関係については、現在においても、昭和50年の最高裁判決における判断枠組みが妥当するとされている（最大判昭和50・9・20（徳島県公安条例事件））。

産業廃棄物に関しては、法定受託事務であるため、廃棄物処理法が、小規模焼却炉について法の規制範囲を上回る横出し規制を許容しているかについては、慎重に判断しなければならない。

しかし、上記レポートに見られるように、小規模焼却炉が不法投棄や無許可処理に使われている実態が法の不備によって把握さえできず、不法投棄が全国最高の水準に達していたといった背景からは、地域的な規制強化を法が許容しないというためには、逆によほど積極的な理由が必要である。法が条例を追随しているその後の事情をみても、廃棄物条例が横出し規制を許容しないという積極的な理由は、存在しないと思われる。

(注3) 北村喜宣　環境法政策の発想　Vol.104
　　　　先発自治体制度の維持と意地—産業廃棄物保管施設届出制の法定—
　　　　『産業と環境』2011年11月号　20頁
(注4) 『法学教室』2009年3月　論点講座憲法の解釈　第23回　39頁以下　違憲審査基準論

第3章　健康・環境衛生

（チャート図）　千葉県廃棄物の処理の適正化等に関する条例（平成14年千葉県条例第3号）

第1章　総則

　目的（1条）
　　廃棄物の不適正な処理による環境への負荷の低減

　各主体の責務（2～4条）
　　事業者の責務（2条）　県民の責務（3条）　県の責務（4条）

第2章　廃棄物の不適正な処理への対策
　　体制の整備（5条）　監視等（6条）　土地所有者等の責任（7条）

第3章　産業廃棄物の適正な処理
　産業廃棄物を自ら処理する事業者の講ずべき措置（第1節）
　　廃棄物処理票（8条・9条）
　　搬入搬出時間の制限等（10条）
　産業廃棄物処理業者等の講ずべき措置（第2節）
　　収集運搬車両の表示（11条）
　小規模産業廃棄物処理施設（第3節）
　　許可（12条）　許可の申請（13条）　許可の基準等（14条）
　　変更の許可等（15条）　維持管理（16条）　排出基準（17条）
　　関係書類の閲覧等（18条）　廃止等の届出（19条）　譲受け等（20条）
　　相続等（21条）　許可の取消し等（22条）　帳簿の作成及び保存（23条）
　不法投棄の防止（第4節）
　　不法行為者等の公表（24条）　廃止施設等に対する措置等（25条）

第4章　雑則
　　報告の徴収（27条）　立入検査（28条）　手数料（29条）
　　適用除外（30条）　委任（31条）

第5章　罰則
　　34～36条

附則　施行期日（平成14年10月1日）
　　　経過措置等

第4章　公共施設の利用

1　プレジャーボートの河川等における不法係留対策

■艇置されるプレジャーボート

前提となる基礎知識

　公共水域を有する各都県の河川・港湾等の公共の水域には、船舶が不法に係留されており、大部分がプレジャーボート（レジャー用のヨット・モーターボート等）である。

　これら多数のプレジャーボートの不法係留に伴い、騒音や違法駐車、ゴミの投棄等による生活環境への影響、無秩序な係留による景観の悪化、防火・防犯への支障、船舶航行への支障等、様々な問題が発生しているほか、津波・高潮・洪水等の際に放置艇が流出し、災害を引き起こす可能性も認識されている。

　そこで公共水域を有する各都県において、平成14年までに「プレジャーボートの係留保管に関する条例」を制定し、河川法や港湾法等の水域管理法令と併せ、プレジャーボートの係留保管の適正化のための取組みを推進している。

　ここでは、千葉県の取組例を取り上げ、プレジャーボートの実態とこれに対する条例による対策の概要を示す。

第4章　公共施設の利用

1 プレジャーボートの実情

プレジャーボート等不法係留実態調査（千葉県ホームページを要約）

平成25年11月1日から30日までの間、県内の公共の水域を目視により調査した結果、県全体で3,578隻の不法係留船を確認した（表1、表2）。そのうち約1,650隻がプレジャーボートである。不法係留船の数は、平成16年度の調査より1,822隻減少した。

表1　水域別調査結果

区分	不法係留船隻数	構成比
漁港	215	6%
河川	887	25%
海岸	372	10%
港湾	2,104	59%
計	3,578	100%

＊海岸は、漁港及び港湾区域内を除く。

表2　地区別調査結果

地区の区分	不法係留船隻数	構成比
東京湾[*1]	2,041	57%
内房[*2]	954	27%
外房[*3]	143	4%
九十九里・銚子[*4]	107	3%
内水面[*5]	333	9%
計	3,578	100%

（＊1）東京湾　浦安から富津岬までの海域及び当該海域に流入する河川等
（＊2）内房　富津岬から館山市までの海域及び当該海域に流入する河川等
（＊3）外房　南房総市（旧白浜町）からいすみ市までの海域及び当該海域に流入する河川等
（＊4）九十九里・銚子　一宮町から銚子市までの海域並びに当該海域及び利根川に流入する河川等
（＊5）内水面　上記以外の水域（湖沼・川など）

2 係留保管施設（浦安マリーナ）

プレジャーボート対策は、自動車における違法駐車対策と同様の施策となる。このため、合法的にプレジャーボートを保管することのできる施設を用意することが、規制の大前提となる。

ここでは、公的に整備された保管施設である浦安マリーナの例により、係留保管施設のイメージを示すこととした。現在は民間会社に移管されている。

1 プレジャーボートの河川等における不法係留対策

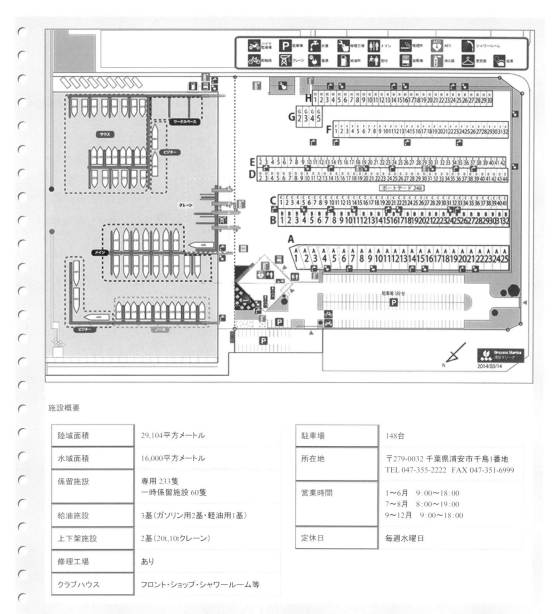

施設概要

陸域面積	29,104平方メートル
水域面積	16,000平方メートル
係留施設	専用233隻 一時係留施設60隻
給油施設	3基(ガソリン用2基・軽油用1基)
上下架施設	2基(20t,10tクレーン)
修理工場	あり
クラブハウス	フロント・ショップ・シャワールーム等

駐車場	148台
所在地	〒279-0032 千葉県浦安市千鳥1番地 TEL 047-355-2222 FAX 047-351-6999
営業時間	1〜6月　9:00〜18:00 7〜8月　8:00〜19:00 9〜12月　9:00〜18:00
定休日	毎週水曜日

写真と図の出典：浦安マリーナHP　http://www.urayasu-marina.jp/visitor/index.html より
浦安マリーナのホームページ（平成27年9月1日現在）から要約

第4章　公共施設の利用

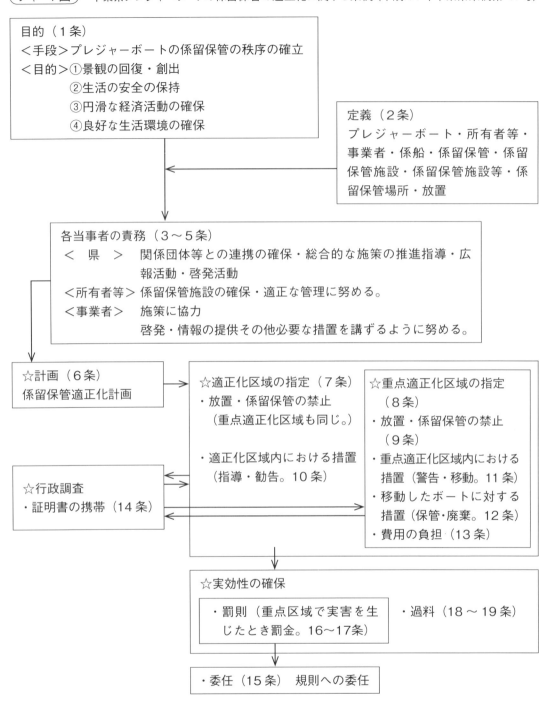

プレジャーボート対策として制定された条例に基づく通知に対して争われた裁判例

判例 横浜地判平成12・9・27（放置船舶移動勧告無効確認請求事件）

【事実】
○ 横浜市船舶の放置防止に関する条例（平成7年横浜市条例第26号。以下「条例」という。）には、公共の水面における船舶の放置を防止するため、船舶の移動措置条項（10条。移動の性格は即時強制とされる。）が規定されている。
○ 横浜市長は、条例9条1項の規定により、横浜港湾区域内の水域に船舶を係留していたXらに対して、1年半の間に数度にわたり、船舶を移動すべき旨の通知（指導、勧告、命令等）を発した。
○ Xらは、裁判所に対し、横浜市による船舶の移動措置を予防するため、①通知の無効確認、②予備的に通知の取消しを求めた。

【争点】
① 横浜市の船舶を移動すべき旨の本件通知は、行政処分性を有するか。
② 放置船舶に対する行政強制（即時強制）を条例で定めることは違法か。

【判旨】
① 本件通知の行政処分性
　　条例9条1項に基づく指導又は勧告を書面にした通知は、それ自体は事実行為であるが、背後にあって権利義務に影響を及ぼす移動措置の要件となっている上、移動措置自体は争うことができないので、行政処分性を有する。条例9条1項に基づく命令についても船舶の移動義務を課するものであるので行政処分性がある。
② 条例は違法であり、通知は無効で、取り消すべきではないのか。
　　放置船舶に対する措置について、次の要件を満たせば条例で規定を設けることも許される。本件では、条例はこれらの要件を満たしており、無効とすべき違法事由はなく、通知に取り消すべき瑕疵もない。
ア　地域に固有の問題に対処するための制度を設ける必要性が高いこと。
イ　船舶の一時的移動についての執行を可能とすることだけを目的とし、私人に対する影響の必ずしも大きいものとはしないこと。
ウ　そのため行政代執行の手段によるまでの措置を求める必要が乏しく、反対にそこまでの手続きを要求するとかえって時間と経費の無駄になること。
エ　移動措置の方法としては、法令が他の場合に設けている即時強制の制度に準

じた手段によること。

【論点解説】
① 通知（指導・勧告・命令等）の処分性

条例に基づく指導又は勧告を書面にした通知は、性格としては事実行為である。

事実行為としての行政指導や勧告は、それ自体としては、なんら権利義務を形成しないので行政処分とはみなされないのが一般である。

しかし、この条例においては、①これらの通知は、権利義務に影響を及ぼす移動措置の要件となっている。②移動措置自体は、即時的に行われるので争うことができない。

という条件にあることから、この判決は行政処分性を認めた。

船舶の移送命令についても、船舶の移動義務を課するものであるから行政処分性を認めた。

このあたりには、取消訴訟の差止的性格を見ることができる。

なお、行政事件訴訟法改正後の今日であれば、取消訴訟と執行停止の申立を行うことで十分である。

② 即時強制

即時強制とは、義務の存在を前提とせず、行政上の目的を達するため、直接身体や財産に対して有形力を行使することである。

義務の存在を前提としないので、義務履行確保の手段とはいえない（櫻井・橋本183頁）。

直接強制と即時強制の境界は不分明であるが、多くの場合、即時強制と解されている。

【参考文献】櫻井敬子、橋本博之著『行政法〈第4版〉』192～195頁
　　　　　　塩野宏著『行政法Ⅰ〔第5版〕』252～257頁
　　　　　　橋本博之『行政判例ノート　第3版』

消防法（昭和23年法律第186号）
（即時強制）
第29条　消防吏員又は消防団員は、消火若しくは延焼の防止又は人命の救助のために必要があるときは、火災が発生せんとし、又は発生した消防対象物及びこれらのものの在る土地を使用し、処分し又はその使用を制限することができる。
　2～5〔略〕

column ③　公の施設と指定管理者制度

1　公の施設とは

　地方公共団体が設ける施設のうち、住民の福祉を増進する目的をもってその利用に供するための施設を特に「公（おおやけ）の施設」という（地方自治法244条1項）。市民会館、公営運動施設、図書館、公民館、公立小・中学校、公立大学、公立病院、社会福祉施設、公園、道路、下水道、公営住宅など、身近な様々な公営施設がこれに該当する。

　公の施設となるための要件を詳述すれば、次のとおりである。

> ①　当該地方公共団体の住民の利用に供するための施設であること（庁舎や純然たる試験研究所等は、地方公共団体が事務や事業を執行するために使用することを目的とする施設であり、公の施設ではない。）。
> ②　住民の福祉を増進する目的でその利用に供するための施設であること（住民が利用しても競輪場や競馬場のような地方公共団体の収益事業のための施設は、公の施設ではない。）。
> ③　地方公共団体が設ける施設であること（公の施設は、物的施設を中心とする概念であり、巡回講師等の人的要素のみであれば、公の施設ではない。）。

　地方公共団体は、正当な理由（利用者の使用料の支払拒否、利用予定人員の超過等）がない限り、公の施設の住民の利用を拒んではならず（地方自治法244条2項）、また、住民の利用にあたって不当な差別的取扱いをしてはならない（同条3項）。公の施設は、住民の平等な利用が確保されなければならないものである。

　また、公の施設の設置及び管理については、学校教育法、都市公園法、道路法、下水道法等の法令に特別な定めがある場合を除き、地方公共団体が議会の議決を得て制定する条例により定めなければならないとされている（地方自治法244条の2第1項）。公の施設の設置管理条例には、公の施設を設置する旨及びその名称、位置等を定めるとともに、その管理に関する事項として、利用の許可及びその取消し、使用料の額及び徴収方法、使用料の減免、利用の制限等の規定や、次に述べる指定管理者制度を導入する場合にはそれに関し必要な事項を定めるものである。

2　指定管理者制度

　公の施設の管理は、地方公共団体が直接行うことができるのはもちろんで

column ③　公の施設と指定管理者制度

あるが、そのほか公の施設の設置の目的を効果的に達成するため必要があると認めるときは、条例の定めるところにより、法人その他の団体であって当該地方公共団体が指定するもの（以下「指定管理者」という。）にその管理を行わせることができることとされている（地方自治法244条の2第3項）。

近年、スポーツジム等の体育施設、美術館、福祉施設等で公的主体以外の民間主体がサービスを提供するケースが増大してきており、また、多様化する住民ニーズに効率的かつ効果的に対応するためには、民間の事業者のノウハウを活用することが有効となっている。指定管理者制度は、民間活用の一環として公の施設の管理を民間事業者に委ねてその手法や発想を取り入れることにより、管理経費の縮減による公の施設の使用料金の低廉化と利用者に対するサービスの向上をはかることを目指して導入されたものである。

制度導入の背景には、1980年代後半以降、イギリスやニュージーランドなどの諸外国で形成されたNPM（ニュー・パブリック・マネージメント）の考え方がある。NPMには様々な定義があるが、内閣府の経済財政諮問会議によれば、「民間企業における経営理念、手法、成功事例などを公共部門に適用し、そのマネジメント能力を高め、効率化・活性化を図るという考え方」と定義され、「(1)徹底した競争原理の導入、(2)業績／成果による評価、(3)政策の企画立案と実施執行の分離、により、行政の意識を、法令や予算の遵守に留まらず、より効率的で質の高い行政サービスの提供へと向かわせ、行政活動の透明性や説明責任を高め、国民の満足度を向上させること」を目指すものと説明されている。指定管理者制度は、このNPMを背景にして民間にできることはできるだけ民間に委ねる、『官から民へ』の考え方を基本に、民間活力の導入の一環として平成15年の地方自治法の改正により導入されたものである。

従来から地方自治法上、公の施設の管理を第三者に委ねる制度として管理委託制度があったが、指定管理者制度は、これに代わって新たな制度として設けられた。従前の管理委託制度と比較して指定管理者制度は次頁の表のような相違があり、規制緩和された弾力的な制度となっている。

column ③　公の施設と指定管理者制度

管理委託制度と指定管理者制度の違い

	管理委託（従来）	指定管理者制度
受託主体	公共団体、公共的団体、政令で定める出資法人（2分の1以上出資等）に限定	法人その他の団体 ※株式会社等の営利法人も可。法人格は必ずしも必要ではない。ただし、個人は不可。
法的性格	「公法上の契約関係」 条例を根拠として締結される契約に基づく具体的な管理の事務又は業務の執行の委託	「管理代行」 指定（行政処分の一種）により公の施設の管理権限を指定を受けた者に委任するもの
公の施設の管理権限	設置者たる地方公共団体が有する	指定管理者が有する ※「管理の基準」、「業務の範囲」は条例で定める
①施設の使用許可	受託者はできない	指定管理者が行うことができる
②基本的な利用条件の設定	受託者はできない	条例で定めることを要し、指定管理者はできない
③不服申立てに対する決定、行政財産の目的外使用の許可	受託者はできない	指定管理者はできない
公の施設の設置者としての責任	地方公共団体	
利用者に損害を与えた場合	地方公共団体にも責任が生じる	
利用料金制度	採ることができる	採ることができる

出典：「指定管理者制度のハンドブック」（ぎょうせい）より作成

　昨今、指定管理者制度が浸透し、全国で多く公の施設が、指定管理者の管理に委ねているところとなっている。しかしながら、指定管理者制度導入の効果である経費の削減と住民サービスの向上のうち、わかり易いメルクマールである経費削減の効果が強調されるあまり、「（経費が）安かろう（サービスが）悪かろう」になってしまっているという批判がある。この批判を解消し、経費の削減をはかりながら住民サービスを向上させていくためには、今後、モニタリングが重要になってくるものと考えられる。指定管理者は毎年度終了後、事業報告書を作成し提出しなければならない（地方自治法244条の2第7項）とされており、①施設の利用状況（利用者数、稼働率等）や事業の実施状況（イベントの開催状況、参加者数等）、②指定管理者が提案した自主事業の実施状況、③施設の維持管理状況（保守・修繕、清掃、保安警備

column ③ 公の施設と指定管理者制度

業務等の実施状況)、④利用料金収入の実績や管理経費等の収支状況等が報告されることとなる。まず、地方公共団体はこの報告書と指定管理者から事前に提出されている事業計画書とを照らし合わせ、業務の履行状況を確認する必要がある。次に、地方公共団体は法定のこの報告にとどまることなく、独自のアンケート調査等により利用者から意見を徴したり、自ら実地調査を行ったりなどして、利用者の満足度を把握すべきである。これにより指定管理者によりサービスの質的向上が図られているか、評価していく必要がある。以上のモニタリング後、地方公共団体はその結果を必要があれば専門家等の第三者を交えて分析し、指定管理者に対し業務改善すべき点を適切に指導・助言していくこととなる。地方公共団体はモニタリングの手法を有効に活用することにより、指定管理者のもつ民間ならではのノウハウによる「安かろう良かろう」を実現していかなければならないのである。

ますます厳しくなる行財政環境の中、官から民への流れはますます加速していくものと思われる。指定管理者制度により民間の活力をどのように活用し、経費を削減しながら住民サービスをさらに向上させていくか、今、それぞれの地方公共団体の真の実力が問われている。

【参考文献】
　松本英昭「新版逐条地方自治法第7次改訂版」(学陽書房)

2　受動喫煙防止対策　神奈川県の試み

■神奈川県受動喫煙防止条例キャンペーンのロゴマーク

提供：神奈川県

前提となる基礎知識

　受動喫煙とは、室内又はこれに準ずる環境において、他人のたばこの煙を吸わされることをいう（健康増進法25条）。

　受動喫煙による健康への悪影響については、肺がん等のリスクの上昇、低出生体重児の出産の発生率の上昇、子どもの呼吸機能の発達に悪影響が及ぶなど、様々な科学的研究報告 がなされている。

1受動喫煙防止対策の必要性に対する意識の高まり

　平成17年2月27日、「たばこの規制に関する世界保健機関枠組条約」が発効した。同条約8条2項では、「締約国は、屋内の職場、公共の輸送機関、屋内の公共の場所及び適当な場合には他の公共の場所におけるたばこの煙にさらされることか

第4章　公共施設の利用

らの保護を定める効果的な立法上、執行上、行政上又は他の措置を国内法によって決定された既存の国の権限の範囲内で採択し及び実施し、並びに権限のある他の当局による当該措置の採択及び実施を積極的に促進する。」と定められ、日本を含む160か国以上が批准している。

日本では、健康増進法25条が「学校、体育館、病院、劇場、観覧場、集会場、展示場、百貨店、事務所、官公庁施設、飲食店その他の多数の者が利用する施設を管理する者は、これらを利用する者について、受動喫煙を防止するために必要な措置を講ずるように努めなければならない。」と定めている。

また、「受動喫煙防止対策について（平成22年2月25日付け健発0225第2号厚生労働省健康局長通知）」にて、今後の受動喫煙防止対策の基本的な方向性として「多数の者が利用する公共的な空間については、原則として全面禁煙であるべきである。一方で、全面禁煙が極めて困難な場合等においては、当面、施設の態様や利用者のニーズに応じた適切な受動喫煙防止対策を進めることとする。また、特に、屋外であっても子どもの利用が想定される公共的な空間では、受動喫煙防止のための配慮が必要である。」と、国の方針が示された。

②神奈川県における背景となる事実

このように、世界、日本が受動喫煙防止の必要性を認識する中、平成19年10月、神奈川県は、「受動喫煙に関する施設調査」を行った。その結果、飲食店や娯楽施設の6割が受動喫煙防止対策を実施していないばかりか、受動喫煙防止対策をしていない飲食店の約7割が「対策を進める予定がない」としていることが明らかとなった（図）。

そこで、事業者の選択に任せていては受動喫煙防止対策の進展は期待できないと判断した神奈川県は、全国に先駆けて受動喫煙を防止するための条例の制定に踏み切った。

1　条例制定後の状況

条例制定後、神奈川県は、県民に対し受動喫煙による健康への悪影響についての啓発を行うと同時に、事業者を対象にした分煙技術相談会や、建築士等の技術者を対象とした分煙技術講習会を開催し、分煙設備等を整備しようとする小規模事業者への金融支援策を講じる等、サポートの仕組みを整えた。

平成23年10月に神奈川県が実施した調査では、県民の70％以上が県内施設の受動喫煙防止対策の進展を認識しているとの結果が出た。また、同調査により、県内施設の85％以上（第1種施設約90％、第2種施設70％以上）が条例に対応してい

ることも明らかになった。

　受動喫煙防止対策に対するたばこを吸う利用者の反応についても、県内施設の43.6％が「良い」または「どちらかというと良い」と認識していることも分かった[注]。

2　条例の行政法上の論点
(1)　比例原則

　比例原則とは、もともと警察作用が市民の自由を脅かす危険性のあることから、その発動を抑制するために構成されたものであり、その内容は二つに分かれる。一つは必要性の原則であって、警察違反の状態を排除するために必要な場合でなければならない。二つめに、必要なものであっても、目的と手段が比例していなければならない。つまり、過剰規制の禁止である（塩野宏『行政法Ⅰ　行政法総論　第5版』84頁）。

　神奈川県公共的施設における受動喫煙防止条例は、喫煙者が自由に公共的施設で喫煙することを制限する方向に働く。喫煙の自由が憲法上保障された基本的人権に当たるか否かについては、最判昭和45・9・16が「喫煙の自由は、憲法13条の保障する基本的人権の一に含まれるとしても」と述べているに留まるが、住民の行動の自由を制限する以上、比例原則の適用がある。

　この点、神奈川県公共的施設における受動喫煙防止条例は、第1種施設と第2種施設を分け、第2種施設については分煙も選択できるようにし、特例第2種施設については、適用除外等の特別な規定を置く等、施設により利用者や利用状況が異なることを踏まえ、「受動喫煙による県民の健康への悪影響の未然防止」という目的のために必要で、過剰規制とならないよう配慮されている。

(2)　公表の法的性格

　公表とは、義務の不履行あるいは行政指導に対する不服従があった場合に、その事実を一般に公表することをいう。これは古典的な行政上の強制執行の種類に当たらず、行政代執行法1条でいう法律に留保された義務履行確保の手段に含まれないと解され、条例による制度の創設も認められる。

　公表により、自己の権利利益を侵害された者は、損害賠償請求が可能である。公表には処分性が認められないとしても、公表の事前差止めないしは、先行する行政指導の違法確認等が考えられる（前掲書242頁）。

（注）　神奈川県ホームページ http://www.pref.kanagawa.jp/prs/p433576.html

第4章　公共施設の利用

図　今後の受動喫煙防止対策の実施予定（神奈川県）

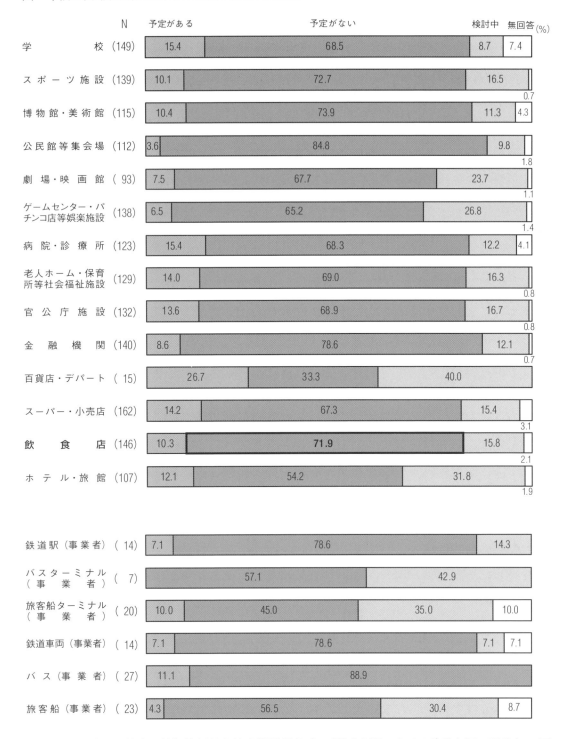

＊　平成20年1月神奈川県保健福祉部健康増進課作成　「神奈川県における受動喫煙の現状」71頁
　　図表4－1－1から転載

2 受動喫煙防止対策 神奈川県の試み

(チャート図) 神奈川県公共的施設における受動喫煙防止条例(平成21年神奈川県条例第27号)

```
目的（1条）
<手段> ①県民、保護者、事業者及び県の責務を明らかにする
        ②環境の整備の促進
        ③未成年者保護の措置を講ずる
<目的> 受動喫煙による県民の健康への悪影響の未然防止
```

```
定義（2条）
受動喫煙・公共的空間・公共的施設・施設管理者・
喫煙・禁煙・分煙・喫煙所・事業者・保護者
```

```
各当事者の責務（3～6条）
<県民>  受動喫煙の悪影響への理解を深め、他人に受動喫煙させないよう努める
        施策に協力するよう努める
<保護者> 監督保護する未成年者への受動喫煙による悪影響の未然防止に努める
<事業者> 環境整備・施策に協力するよう努める
<県>    環境整備に関する総合的な施策の策定、実施
        情報提供、普及啓発その他の必要な支援
        県民、事業者及び市町村との連携、協力
        県が設置、管理する施設に適切な措置を講ずる
```

推進体制整備（7条）

禁止行為（8条）
何人も喫煙禁止区域内で喫煙してはならない

```
立入調査等（16条）
・報告、資料の提出
・立入調査、質問、
  身分証明書の提示
```

```
公共的施設における措置
・公共的施設における措置（9条）
  第1種施設の施設管理者　禁煙の措置（1項）
  第2種施設の施設管理者　禁煙又は分煙の措置（2項）
・喫煙区域又は喫煙所から喫煙禁止区域への煙の流出防
  止措置を講じる義務（11条）
・喫煙禁止区域に喫煙器具、設備設置の禁止（12条）
・施設管理者は喫煙区域及び喫煙所に未成年者を立ち入
  らせてはならない（13条1項）
・区分に応じた表示（15条1項）、周知（同条2項）
```

指導及び勧告（17条）

公表（18条）

命令（19条）

罰則（23条）

```
・喫煙所を設けることができる（10条）
・保護者は喫煙区域及び喫煙所に未成年者を立ち入らせ
  てはならない（13条2項）
・施設管理者は喫煙禁止区域で喫煙するものに中止、退
  出を求めなければならない（14条）
```

・知事が認定する公共的施設について9条、11条の適用除
  外（20条）
・特例第2種施設について9条2項3項、11条、12条、13条1
  項、14条、15条1項に規定する措置に準ずる措置を講ずる努
  力義務、15条2項、16条～20条、23条の適用除外（21条）

・規則への委任（22条）
・附則
  施行期日　平成22年4月1日（第2種施設に係る罰則規定は平成23年4月1日）
  20条1項の認定について経過措置
  3年ごとの施行状況の検討

　※特例第2種施設とは、第2種施設のうち、一定規模以下の飲食店及び宿泊施設ならびに風営法
　　対象施設のうち接待飲食店、パチンコ店など

column ④ 自治体による放置自転車対策

1 東日本大震災後の自転車利用の増大

東日本大震災後、公共交通機関の乱れの影響を受けず、電気もガソリンも使わない交通手段として、自転車が改めて見直されている。しかし同時に、自転車利用者のマナーの問題や、自転車専用車両通行帯の未整備の問題など、自転車にまつわる様々な問題が注目されるようになった。このような自転車にまつわる問題の一つに、放置自転車の問題がある。

2 放置自転車とは

自転車の安全利用の促進及び自転車等の駐車対策の総合的推進に関する法律（以下「自転車法」という。）5条6項は、「放置自転車等」を「自転車等駐輪場以外の場所に置かれている自転車等であって、当該自転車等の利用者が当該自転車等を離れて直ちに移動することができない状態にあるものをいう。」と定義している。

なお、ここでいう「自転車等」とは同法2条2号で「自転車又は原動機付自転車をいう。」と定義されている。

3 これまでの自治体による放置自転車対策

(1) 制定当時、自転車法には自治体が放置自転車を撤去することができる旨の規定はなかった。しかし、放置自転車の撤去は即時執行であると考えられる。即時執行とは、相手方に義務を課すことなく行政機関が直接に実力を行使して、もって、行政目的の実現を図る制度をいい、「行政上の義務の履行確保」（行政代執行法1条）ではないので、条例によることも可能である（塩野宏『行政法Ⅰ　行政法総論　第5版』252頁〜257頁）。

このため、平成5年に自転車法が改正され、市町村長が条例で定めるところにより放置自転車等を撤去できることが法律上（自転車法6条1項）明確に定められる前から、放置自転車に悩む自治体では、撤去の規定を盛り込んだ条例を制定し放置自転車を撤去することと合わせ、街頭での行政指導や自転車等駐車場を整備することで放置自転車対策に取り組んできた。

(2) これらの対策には一定の効果があった。平成6年以降、毎年のように全国で220万台を超える放置自転車が撤去され、駅周辺の自転車等駐車場における自転車駐車可能台数は、昭和52年に約60万台であったものが、平成19年には約438万台と、7倍以上に増加している。これらに

column ④　自治体による放置自転車対策

伴い、駅周辺における自転車の放置台数は、昭和56年に約99万台であったものが、平成25年には約12万台と約8分の1にまで減少している。

しかし、駅周辺における自転車等駐車場の収容能力に対する実収容台数の割合は、平成25年に行われた調査で約63%に留まっている。また、平成24年の放置自転車の撤去台数は約214万台であるのに対し、返還された台数は約62万台に留まり、38万台もの放置自転車が廃棄されている（平成26年内閣府「駅周辺における放置自転車等の実態調査の集計結果」）。その撤去、保管、及び廃棄等の処分にかかる費用の全てを自治体が負担しているのである。

次に内閣府の資料を転載する。

図1　駅周辺における自転車の放置台数と駅周辺の自転車等駐車場における自転車駐車可能台数の推移

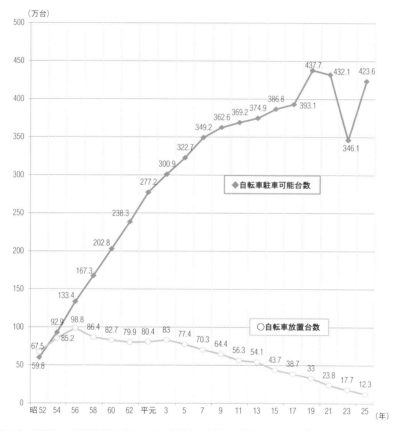

注1）平成11年以前の数値は、総務庁「駅周辺における放置自転車等の実態調査について」による。
注2）調査対象市区町村は、各都道府県の市、東京都特別区及び三大都市圏の町村。
注3）調査時点は、放置台数は10～11月の晴天の平日の午前11時頃を基準とし、自転車駐車可能台数は8月末時点。
＊平成26年3月、内閣府政策統括官（共生社会政策担当）付交通安全対策担当作成の「駅周辺における放置自転車等の実態調査の集計結果」24頁「駅周辺における自転車の放置台数と駅周辺の自転車等駐車場における自転車駐車可能台数の推移」から抜粋

第4章　公共施設の利用

column ④　自治体による放置自転車対策

図2　放置自転車の撤去・返還・廃棄の台数の推移

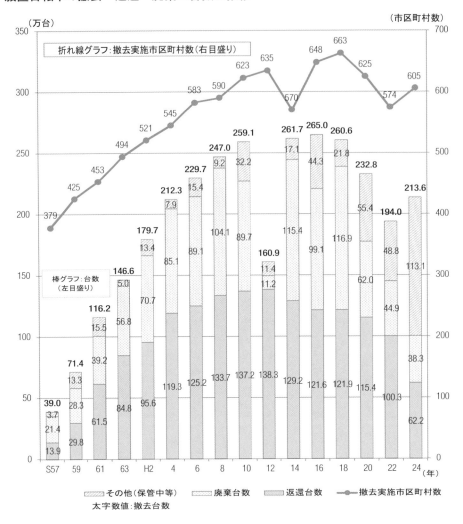

注1）平成10年以前の数値は、総務庁「駅周辺における放置自転車等の実態調査について」による。
注2）調査対象市区町村は、各都道府県の市、東京都特別区及び三大都市圏の町村。
注3）各年につき、各年中に撤去された自転車のうち、同年中に返還又は廃棄処分された台数の推移である。
＊平成26年3月、内閣府政策統括官（共生社会政策担当）付交通安全対策担当作成の「駅周辺における放置自転車等の実態調査の集計結果」39頁「放置自転車の撤去・返還・廃棄の台数の推移」のグラフを転載

4　これからの放置自転車対策

　これからの放置自転車対策は、各自治体が、放置自転車の撤去や自転車等駐車場の整備に留まらない、地域の実情に合った独自の対策を展開していく必要がある。

　これにはまず、放置をする人の目的地がどこで、なぜ放置をするのか等について実態を把握する必要がある。放置をする人に対するアンケート調査は難しいものがあるが、実態を把握しなければ、地域の実情に合った実効性のある対策を展開することはできない。

　例えば、実態調査の結果、駅前に自転車を放置するのは鉄道ではなく駅前の施設を利用する人が多いことが判明した場合、自治体が闇雲に駅前に自転車等駐車場を設置するよりも、駅前の施設の設置者にその敷地内または周辺に自転車等駐車場を設置してもらうことこそが、実効性のある放置自転車対策となる。

　自転車法5条4項により、自治体は、自転車等の大量の駐車需要を生じさせる施設を新築または増築しようとする者に対し、条例で自転車等駐車場を設置しなければならない義務を課すことができる。また、新築や増築をしようとする場合でなくとも、同条3項により、施設の設置者には「必要な自転車等駐車場を、当該施設若しくはその敷地内又はその周辺に設置するように努めなければならない」という努力義務が課せられている。これらを根拠に、自治体は、施設設置者に働きかけることができるのである。

　このように、実態を把握した上で、その地域の実情にあった対策を講じていくことこそが、これからの放置自転車対策には必要である。

第5章 土地・住宅

1 宅地建物取引業者に対する行政の関与

■重要事項証明書の例

物件説明書（重要事項説明書）

平成○年○月○日

賃借人	賃借 太郎	免許番号　東京都知事（　）　号
賃貸人	賃貸 花子	免許年月日　平成○年○月○日 東京都○○区○○ ○丁目○番○号 有限会社○○不動産
住　所	東京都○○区○○ ○丁目○番○号	代表取締役　○○○○　印 宅地建物取引主任者第　号　　○○○○　印
取引形態	仲介	（社）全国宅地建物取引業保証協会　東京法務局 千代田区岩本町2-6-3全宅連会館　千代田区九段南1-1-15

物件の表示	名称及び室番号	コーポ○○（○○○号室）		
	所在地	〒000-0000 東京都○○区○○ ○丁目○番○号		
	間取り・面積	1LDK　（専有面積○○.○○㎡）		
	構造・規模	RC造　地上3階建一部4階建		
	種類	(マンション)・アパート・店舗・事務所・その他（　　　）		

条件	月額賃料	86,000円		登記簿に記載された事項	登記簿上の所有者 (1.)貸主と同じ・異なる 異なる場合（下記住所・氏名又は名称を参照） 住所 氏名
	共益費・管理費	3,000円			
	消費税				
	敷金	賃料の1ヶ月分 86,000円			所有権にかかる権利(甲区欄)の有無（有・(無)） 有の場合その種類 1、仮登記(所有権移転・所有権移転請求権) 2、仮差押 3、仮処分 4、差押(含む参加差押) 5、買戻特約 6、予告登記 7、
	礼金	賃料の1ヶ月分 86,000円			
	町会費				
	仲介料	㈱仲介不動産 さんへ			
	償却				
	契約期間	2年間			所有権以外の権利(乙区欄)の有無（有・(無)） 有りの場合その種類 1、抵当権(含む仮登記) 2、根抵当権(含む仮登記) 3、質権 4、先取特権 5、賃借権 6、
	更新料	新賃料の1ヶ月分			
	使用目的	(住居)・事務所・店舗			
	入居人員	2名			
	更新事務手数料	有 20,000円必要			解約は1ヶ月前予告
	その他	アスベスト調査について アスベスト調査結果の記録が「有る・(無い)」 耐震診断について ①昭和56年6月1日以前に新築された建物に「該当する・(該当しない)」 ②指定確認検査機関、建築士、登録受託性能評価機関、自治体による耐震診断を行って 「いる・(いない)」			

設備	電気	メーター(専)・割当)・東京電力	排水	有
	ガス	メーター(専)・割当)・都市ガス	電話	無 設置(可)
	水道	メーター(専)・割当)・公営	エレベーター	(無)・有
	台所	有（専）	冷暖房	無・(有)
	浴室	有（専）	オートロック	(無)・有
	トイレ	有（専）水洗	給湯	(有)
	駐車場	無	その他設備	
	電力会社	Tel 0000-0000　○○電力	ガス会社	Tel 0000-0000　○○ガス
	水道会社	Tel 0000-0000　水道局	管理人	無
	管理会社	貸主管理(賃貸)0000-0000	(更新・契約)○○不動産 0000-0000	

※ 上記の物件の説明を受けました。契約成立時に仲介手数料として賃料の1ヶ月分（税別）お支払い致します。
注意）給湯器及び設備は使用開始時稀に故障する(不可抗力)ことがあります。修理には日数を要することがありますので2〜3日前に開栓することをお勧めします。

氏名　賃借 太郎　　　印

前提となる基礎知識

①宅地建物取引に係る行政の関与

　国民が宅地や建物を取得しようとする際に、その所有者と直接取引する場合よりも宅地建物取引業者を介してこれを行う場合が圧倒的に多いと思われる。また、その宅地や建物の対価は国民にとっては極めて大きな金額となることから、土地建物の取得は一生のうちに何度も行われるものではない。したがって、国民にとっては、宅地建物について、その公正な取引が担保されることは重大な関心事と言える。

　そこで、宅地建物取引業法が制定され、同法は宅地建物取引業に免許制度を導入し、その事業に様々に規制を行っている。国民側からすれば、行政庁が宅地建物取引業法に規定する規制権限を適正に行使することにより、宅地建物の取引が公正に行われ、これによって国民の利益が保護されるものと期待している。

　また、宅地建物取引業の適正な運営と宅地建物の取引の公正を確保し、その購入者等の利益保護のための工夫の一つとして、重要事項説明書の制度があり、これを交付して宅地建物取引に係る重要事項を説明しなかったり、重要事項説明書に虚偽の内容が記載されていたりした場合には、宅地建物取引業の業務の停止や免許の取消原因となる。

②規制権限の不行使と国家賠償

　ところで、一般に事業者に対する関係で、行政庁に規制権限が付与されている場合、当該権限を発動するための法律上の要件が充足したとしても、当該権限を発動するかどうかについては裁量権が認められるとする行政便宜主義が伝統的な考え方である。また、行政権限の行使は専ら公益の保護を目的として行われるものであって、ある行政的規制によって他の国民が利益を得ていても、それは反射的利益であって、法律上の保護を受けない事実上の利益に過ぎないという考え方がこれと裏腹の関係にある。

　こうして、規制権限の不行使が国民の利益を侵害し、これを違法として国家賠償請求が提起された場合には、行政庁は常に反射的利益論と行政便宜主義を法的根拠に国家賠償請求を否定してきた。しかし、行政庁の規制権限不行使によって国民の側に重大な利益侵害が認められた場合にはこれを救済する現実の必要が生ずる。行政権限の不行使＝行政庁の不作為を違法として国家賠償責任を認めようとする立場からは、行政庁には効果裁量があるとする行政便宜主義をいかに克服するかが重要な課題となっている。

第5章　土地・住宅

1　宅地建物取引業者に対する規制権限不行使と国家賠償に係る判例

判例 最判平成元・11・24

【事実】

○　Xは、京都府知事の免許を受けた宅地建物取引業者である甲会社から建売住宅を買い受け、代金の一部を支払ったが、当該物件は他人所有であり、同会社の実質的な経営者である乙が上記代金を他に流用したため、売買契約は履行されなかった。

○　甲に対する宅地建物取引業に係る免許は、上記売買の約4年前に付与され、約1年前に更新されたが、免許の付与は乙に対する宅地建物取引業法違反等の有罪判決の宣告直前に行われ、その執行猶予期間中に当該免許の更新が行われたものであって、免許の付与・更新は、宅地建物取引業法第5条第1項第7号の欠格事由に該当するものであった。また、上記売買の2か月前に、取引関係者の苦情により甲に対する立入調査が行われていた。

○　Xは、甲の代表取締役に対して損害賠償請求訴訟を提起するとともに、免許の付与・更新の違法及び事前に業務の停止ないし免許の取消しをしなかった権限不行使の違法を主張して、京都府知事に対して国家賠償請求訴訟を提起した。

○　第1審判決（京都地判昭和58・7・20）は、免許の付与・更新と損害との因果関係を否定したが、規制権限の不行使は違法であるとして、Xの請求を一部認容した。

○　控訴審判決（大阪高判昭和61・7・1）は、規制権限の不行使について、著しく合理性を欠くとはいえないとして、第1審判決を取り消した。

【争点】

①　宅地建物取引業法所定の免許基準に適合しない免許の付与・更新をした知事の行為に国家賠償法1条1項の違法性は認められるか。

②　宅地建物取引業者に対する知事の監督処分権限の不行使に国家賠償法1条1項の違法性は認められるか。

2　重要事項説明書の様式

土地建物を購入し、又は貸借しようとする者に対して、宅地建物取引業者が取引の対象となる物件や取引条件等の重要な事項について、その内容を確認し、納得の上契約を締結する必要がある。

そのため、宅地建物の取引に際しては、宅地建物取引業法に基づき宅地建物取引

主任者が書面（重要事項説明書）をもって取引内容を説明し、当該書面を交付しなければならない。重要事項説明書には、次に掲げる事項が記載されることとなる。

なお、具体的な様式は、業界団体ごとに統一様式を定めているようである。例えば、社団法人全国宅地建物取引業協会連合会による不動産賃貸借契約の様式は、以下のとおりである。

①**取引物件に関する事項**
- 登記された権利の種類・内容等（不動産の所在、構造、面積、所有者、権利関係等）
- 都市計画法、建築基準法その他の法令に基づく制限等
- 私道に関する負担等
- 飲用水・ガス・電気の供給施設、排水施設の整備の状況（現在利用可能な施設、将来の整備予定と負担金の有無等）
- 物件が工事完了前のものであるときは、工事完了時における形状、構造等
- 区分所有建物の場合における一棟の建物の敷地に関する権利の種類及び内容、共用部分に関する規約の定め等

②**取引条件に関する事項**
- 売買代金以外に授受される金銭の額及び授受の目的（手付金、固定資産税や都市計画税の清算金等）
- 契約の解除
- 損害賠償の予定又は違約金
- 手付金の保全措置
- 支払金又は預り金の保全措置の有無及び概要
- 売買代金に関する金銭の貸借のあっせんの内容及び金銭の貸借が成立しない場合の措置等
- その他建設省令で定める事項
- 割賦販売

③**その他の記載事項**
- 取引に関与する宅地建物取引業者及び宅地建物取引主任者の記載
- 供託所等に関する説明
- 取引態様（売買・交換・貸借の別及び当事者・代理・媒介の別）

2　斜面地マンション

■斜面地マンションのイメージ

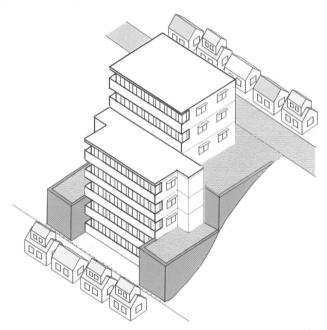

出典：川崎市ホームページ

前提となる基礎知識

1 斜面地マンションとは

　斜面地マンションは、地下室マンションとも呼ばれるもので、一般には「周囲の地面と接する位置の高低差が3mを超える共同住宅又は長屋の用途に供する建築物で、当該用途に供する部分を地階に有するもの」などと定義されるものである。ここで紹介する横須賀市の斜面地建築物の構造の制限に関する条例（⇒チャート図95ページ）の中での定義は後述するが、横須賀市は、条例のパブリックコメントを行った際には、「斜面地建築物とは斜面地に高層の建物がはめ込むように建設されるものである」とわかりやすく説明している。

2 斜面地マンション誕生

　斜面地マンションの問題は、平成6年の建築基準法の改正に、その源を発すると言われている。その改正の内容は、住宅部分の床面積の合計の3分の1を限度として地階を容積率に算入しないというものであった。

その後、平成9年の建築基準法の改正においては、共同住宅の共用部分である廊下や階段について、その面積を容積率に算入しないものとなった。

　さらに、建築物の高さは建築基準法の規定に基づき設定される地盤面（以下「平均地盤面」という。）から算定されるが、斜面地における建築物の高さは、斜面地を高さ3m以内ごとに区分して求められる複数の平均地盤面からそれぞれの高さの測定が行われることから、実質的に高さの制限値を超える建築物の建築が可能となる。

　建設業者は、斜面地に共同住宅を建築する際にこれらの制度を適用することで、地下7階地上5階というようなマンション、いわゆる斜面地マンションを建設するようになった。

　この斜面地マンションは、例えば、法律上は地上5階の低層マンションの扱いを受けるものが、実際に斜面地の下側から見てみれば、12階建ての高層マンションとなってしまうものなのである。

③斜面地マンションに対する法的対応

　このような制度の濫用、「法の悪用」については、平成6年の建築基準法の改正の際には予測されていなかったことは、平成6年6月3日の参議院建設委員会[注]及び同月20日の衆議院建設委員会[注]における国会答弁を見ても明確である。

　そして、この後、斜面地マンションの問題が明確化されると、国会では、その認識について、平成14年6月26日の国土交通委員会[注]において、法改正の対応ではなく、地方公共団体による対応が示唆されている。

　さらに、平成15年度日本建築行政会議全国会議講演会という場においては、国土交通省住宅局市街地建築課長が、次のように述べ、建築基準法50条の委任による条例により、斜面地マンション問題に対応すべきとしている。

○　地下室マンションの対応について圧迫感、プライバシー等の観点から近隣紛争に発展するものも見受けられる、地下室マンションに関する紛争は一部の地域に限定されている地域の特性を踏まえ、特に地下室マンションの建築を制限する必要がある場合には、あらかじめ建築基準法50条の規定に基づく条例や地区計画により明確なルールを定め対応することが望ましい。

④斜面地マンションの地域性

　平成15年度日本建築行政会議全国会議講演会の国土交通省の課長のコメントは的確なものと言っていいものである。

　斜面地マンションの問題は日本各地で必ず見られるものではなく、ある程度、限られた地域で見られるものなのである。

　横須賀市においては、その地域特性として、山地・丘陵が市域の多くを占め、斜

> 面地が多く平坦地が少ないという自然面での特徴が、まず挙げられる。それに加え、東京への通勤圏に入っているため、平坦地よりコストのかかる擁壁工事などを行っても、斜面地の土地の価格は平坦地の価格に比べれば低廉なため、マンションの販売価格を市内の相場で考えれば比較的低く抑えることができ、購入を希望する人が多く、需要を充足するものである。
> 　対照的に、まず、首都圏を外れた地方都市であって、一般的に土地の価格が比較的安価であり、平坦地がある程度多くの面積を占めるような地域においては、あえて、斜面地にマンションを建築しても、販売価格が高いものになり、その需要に期待することもできない。
> 　結果として、斜面地マンションが建築されるのは、いくつかの条件に合致した、特定の地域に限られることになる。

横須賀市の取組み

　横須賀市の斜面地建築物の構造の制限に関する条例（以下「横須賀市条例」という。）は、その方向性を次のとおり設定した。

① 　斜面地における建築規制を平坦地での規制と同様のものとする。

② 　外見上で地上となる部分を制限し、完全に地表面下にある部分については規制をしない。

③ 　階数規制とする。

　ところで、横須賀市においては、良好な住環境の保全を目指して、第1・2種低層住居専用地域では、建築基準法55条に基づき建築物の高さを10mに制限し、都市計画法に基づく高度地区を都市計画決定し、住居系用途地域では15mの高さ制限を設けている。

（注）発言の詳細は、国会会議録検索システム（http://kokkai.ndl.go.jp）から参照することができる。

2 斜面地マンション

チャート図 斜面地建築物の構造の制限に関する条例（平成16年横須賀市条例第31号）

目的（1条）
良好な住居の環境の保護

対象（3条）

| 「斜面地建築物」
右記の地域における周囲の地面と接する位置の高低差が3mを超える建築物 | 第1種低層住居専用地域
第2種低層住居専用地域
第1種中高層住居専用地域
第2種中高層住居専用地域
第1種住居地域
第2種住居地域 |

【手段】

見かけ上の階数（地面と接する最下位から上部の階数）の制限（4条）

第1種低層住居専用地域 第2種低層住居専用地域	4階以下 （建築基準法55条2項の高さ制限緩和の認定を受けたものは、5階以下）
第1種中高層住居専用地域 第2種中高層住居専用地域 第1種住居地域 第2種住居地域	6階以下 （高度地区緩和の認定を受けたものは、9階以下）

適用除外（5条）
・建築基準法55条3項許可
・総合設計による許可
・高度利用地区内・地区計画区域内の建築物
・大規模な修繕、模様替え
・第1種低層住居専用地域・第2種低層住居専用地域内の既存建築物の建替え・増築、公益上必要な建築物
・高度地区の適用除外の認定

【担保】

罰則（8条・9条）
・50万円以下の罰金
・両罰規定

第5章 土地・住宅

図　斜面地建築物に対する高さ規制の方策

（規制の内容）　　　　　　　　　　（周辺に影響を及ぼす見かけ）

①高度地区の規制がない場合

地上階数：14〜1（6階より下は人工的に作られた地盤面）

何も規制を施さないで法律のみの場合は14階の建築物が建てられる。

②高度地区による規制のみ

地上階数：11〜1、高度地区、平均地盤面（6階の位置）

高度地区の規制を施すと、高さを制限できるが、平均地盤面からの高さであるので、11階の建築物が建てられる。

③条例による規制を付加

地上階数：6〜1

さらに、条例で、地面に接する所からの階数を制限することで、6階の建築物までに制限することができる。

3　農地とまちづくり〜農地転用と農振除外〜

■農地の風景

前提となる基礎知識

1 農振法の問題点

　昭和30年代後半からの高度経済成長により人口と産業の都市部への急激な集中が行われたが、当時は土地利用計画制度が不十分であったため、無秩序な都市近郊の開発（スプロール化）が進んだ結果、国土の総合的かつ計画的な利用の必要性が認識されたことに伴い、昭和43年に都市計画法が制定された。

　一方、国民に対し食糧の安定的な供給を確保するため、優良農地を良好な状態で確保することも重要な課題となっていた。そこで、優良農地の確保・保全とともに、農業振興施策を計画的・効果的に行うための長期的な土地利用計画制度として、昭和44年に「農業振興地域の整備に関する法律」（農振法）が制定された。

　この両制度は基本的に別個の制度であり、しかも農業振興地域の指定（ゾーニング）に際して十分なすり合わせがおこなわれたわけではないので、都市計画法に基づく都市計画区域と農振法に基づく農業振興地域とは重なる部分が多くあり、必ずしも統一的な土地利用計画とはなっていない。

農振法の農用地区域では農地転用が禁止されているため、農用地区域で農地を転用する場合、農用地区域からの除外を行い、次に農地法の転用許可の手続きを踏まなければならない。農地転用を目的とする場合における農用地区域指定の解除は、一定の要件に該当する場合に限り認められる例外的な措置であるが、必ずしも厳格に運用されてこなかったとの批判がある。

　農地は、農用地区域内農地のほか、甲種農地、第1種農地、第2種農地、第3種農地に区分され、小集団の未整備農地と市街地近郊農地が該当する第2種農地と市街地にある農地が該当する第3種農地は、比較的容易に農地転用が認められるが、農地転用は個別の申請に対する個別の対応となり、それに続く開発行為も同様であるため、必ずしも当該地域の状況に適合するような統一的・総合的・計画的な街づくりに資するような運用がなされるわけではない。

　農振法によるゾーニングは、農用地区域を設定することで農村の土地利用の秩序化に一定程度貢献してきたが、現在さまざまな問題に直面している。それらは日本の農地制度・農業政策の課題そのものでもあり、加えて街づくりの視点からの見直し圧力にも曝されているのが現状である。

②農地の転用と許可制度

　戦前において日本の農村は地主制が支配的な社会関係であり、それが半封建的な日本社会の基盤をなしていたとして、戦後改革の大きなテーマとなったのが農地改革である。

　その成果を受けて昭和27年に農地法が制定された。農地法の主な規定内容は、①耕作目的の農地等の権利移動の制限、②農地等の転用の制限、③小作地等の所有制限、④賃貸借契約の解約の制限等、⑤小作料に関する規制、⑥未墾地の買収・売渡等である。その後社会経済状況の変遷に伴い、数次にわたって改正されているものの、基本的な内容に大きな変更はない。

　現在の農地法の概略は、チャート図105頁に示すとおりである。

　農地は、農業を行うための生産手段であり、農地法は「農地はその耕作者自らが所有することを最も適当であるものと認めて、耕作者による農地の取得を促進し、及びその権利を保護し、並びに土地の農業上の効率的な利用を図るためにその利用関係を調整し、もって耕作者の地位の安定と農業生産力の増進を図る」ことを主たる目的としてきたが、経済の発展に伴い、農地以外の用途に供する土地の供給が求められるようになり、農地法もその趣旨目的を変えることが求められることとなった。しかし、農地を農地以外のものにすることを野放図に行うことは、国民に対する食糧の安定供給の確保の観点から容認できないので、これを適切な規制の下に置

くことが求められるのである。

　このような趣旨から農地を農地以外のものとすることすなわち農地転用を行うについて、農地法は許可制度を採用し、農地面積により国と都道府県知事（さらにはその権限の移譲を受けた市町村長）にその権限を配分している。農地転用の許可権者は、次のとおりである。

許可権者	対象農地面積	事務区分
農林水産大臣	4 ha 超	
都道府県知事	2 ha を超え 4 ha 以下	第1号法定受託事務
	2 ha 以下	自治事務
市町村長	特例条例により知事から権限を移譲された面積	都道府県知事からの移譲事務

＊　特例条例とは、地方自治法252条の17の2の規定により、知事の権限に属する事務を市町村長に移譲する場合において制定されるものである。

　農地の転用については、後述するように、農地の種類により難易度に差異がある。特に、農用地区域内農地の転用は、原則的に認められていないので、これを転用する場合には農業振興地域の整備に関する法律（以下「農振法」という。）の指定を解除しなければならず、この点をめぐり様々な問題が生ずることになる。

3 農地とは何か

　農地とは、農地法上耕作の目的に供される土地をいうと定義されている。この場合における耕作とは、土地に労費を加え肥培管理を行って作物を栽培することをいうと解されている。したがって、現に、人が肥料を施し、耕し、雑草を抜くなどして手間をかけて管理し、作物を栽培していれば、当該土地は農地となる。栽培される作物は、穀類蔬菜類に限らず、花卉、桑、茶、たばこ、梨、桃、りんご等の植物を広く含むものである。ちなみに、「耕作の目的に供される土地」とは、現に耕作されている土地のほか、現在は耕作されていなくても耕作しようとすればいつでも耕作できる土地も含まれるものである。

　ここで問題となるのは、農地の上に温室やハウスなどの農業用施設を設置する場合である。敷地（農地）の上に直に植物を植えて栽培する場合には、転用には当たらないが、農業用施設の敷地をコンクリートで固めてしまう場合には転用に該当すると解されている。

農地には次のような種類がある。

農用地区域内農地	農振法によって定める農業振興地域整備計画において、農用地区域内として定められた区域内に存在する農地
第1種農地	集団的に存在する農地その他の良好な営農条件を備えている農地であって、次に掲げるいずれかの要件を満たしている農地。 ①おおむね20ha以上の規模の一段の農地の区域内にある農地 ②土地改良法2条2項に規定する土地改良事業又はこれに準ずる事業で、農業用排水施設の新設又は変更、区画整理、農地の造成その他の農林水産省令で定めるものの施行に係る区域内にある農地 ③傾斜、土性その他の自然的条件から見てその近傍の標準的な農地を超える生産を上げることができると認められた農地
甲種農地	第1種農地の要件を満たす農地のうち、市街化調整区域内にある特に良好な営農条件を備えている農地であって、次に掲げるいずれかの要件を満たしているもの ①おおむね20ha以上の規模の一団の農地の区域内にある農地のうち、その面積、形状その他の条件が農作業を効率的に行うのに必要なものとして農林水産省令で定める基準に適合するもの。 ②特定土地改良事業等の施行に係る区域内農地のうち、特定土地改良事業等の工事が完了した年度の翌年度から起算して8年を経過したもの以外のもの
第2種農地	第3種農地の区域に近接する区域その他市街地化が見込まれる区域内にある農地であって、次に掲げるいずれかの区域内にある農地 ①道路、下水道その他の公共施設又は鉄道の駅その他の公益的施設の整備状況から見て、第3種農地になることが見込まれる区域として農林水産省令で定める区域内の農地 ②宅地化の状況からみて、第3種農地になることが見込まれる区域として農林水産省令で定める区域内の農地
第3種農地	市街地の区域内又は市街地化の傾向が著しい区域内にある農地のうち、次に掲げるいずれかの区域内にあるもの ①道路、下水道その他の公共施設又は鉄道の駅その他の公益的施設の整備状況が農林水産省令で定める程度に達している区域内の農地 ②宅地化の状況が農林水産省令で定める程度に達している区域内の農地 ③土地区画整理法又はこれに準ずる事業として農林水産省令で定めるものの施行に係る区域内の農地

3 農地とまちづくり～農地転用と農振除外～

4 農地転用の基準

農地転用が可能かどうかは次の基準により判断することとなる。

	農地の種類	許可の基準
	農用地区域内農地	原則として転用不可。ただし、次の場合には例外的に許可できる。 ①土地収用法26条1項の規定による告示に係る事業の用に供する場合 ②農振法8条4項に規定する農用地利用計画で指定された用途に供する場合 ③仮設工作物の設置その他の一時的な利用に供するために行うものであって、当該農地を利用することが必要と認められること、かつ、農業振興地域整備計画の達成に支障を及ぼすおそれがないと認められる場合
立地基準	第1種農地	①土地収用法26条1項の規定による告示に係る事業の用に供する場合 ②仮説工作物の設置その他の一時的な利用に供するために行うものであって、当該農地を利用することが必要であると認められる場合 ③農業用施設、農畜産物処理加工施設、農畜産物販売施設その他地域の農業の振興に資する施設として農林水産省令で定めるものの用に供する場合 ④市街地に設置することが困難又は不適当なものとして農林水産省令で定めるもの（例：市街地以外の場所に設置する必要のある病院・診療所、火薬庫）の用に供する場合 ⑤調査研究、土石の採取その他の特別の立地条件を必要とする農林水産省令で定めるものの用に供する場合 ⑥これに隣接する土地と一体として同一の事業の目的に供する場合で、当該農地を供することが必要と認められる場合 ⑦公共性が高いと認められる事業で農林水産省令で定めるものの用に供する場合 ⑧総合保養地域整備法等の定めるところに従って行われる場合
	甲種農地	第1種農地に係る基準のうち①から③まで及び⑤から⑧までに掲げる場合
	第2種農地	第1種農地に係る基準のうち、①、③、④、⑦及び⑧に掲げる場合
	第3種農地	転用が許可される。

> | 一般基準 | ①転用事業の用途に供する確実性
> ・転用行為を行うのに必要な資力及び信用があると認められること。
> ・転用行為の妨げとなる権利を有する者の同意を得ていること。
> ・転用許可を受けた後遅滞なく許可申請に係る用途に供することが確実であること。
> ②周辺農地の営農条件への影響
> ・土砂の流出・崩壊のおそれのないこと
> ・農業用用排水施設の機能に障害を及ぼすおそれがないことその他の周辺農地の営農条件に支障を及ぼすおそれがないこと
> ③一時転用の場合
> ・仮設工作物の設置その他の一時的な利用に供するため農地を転用しようとする場合において、その利用に供された後にその土地が耕作の目的に供されることが確実であること

農振除外の問題

農用地区域内農地とは、農振法によって定める農業振興地域整備計画において、農用地区域内として定められた区域内に存在する農地である。農用地区域内農地を恒常的に農地以外の用に供することは極めて困難であるので、これを実現しようとする場合には、農振除外申請を行うことが一般的な方法である。その上で、当該農地が第1種農地や第2種農地などとして区分された場合に、上記の転用基準に照らして転用の可否が判断されることとなる。

(1) **農用地区域内農地の除外手続**

農用地区域内の土地を農用地区域から除外するためには、農用地区域の変更を行う必要があるが、これが許容されるのは農振法13条2項各号に掲げる要件をすべて満たす場合に限られる（農振法13条）。そして、当該要件のすべてに該当するとして農用地区域の変更をしようとする市町村は、都道府県知事と協議し、その同意を得なければならない（同条4項）。

(2) **農用地区内農地除外の主体**

上記のとおり、農用地区域内の土地を農用地区域から除外するために、農用地区域の変更を行う主体は市町村であり、農用地区域内に農地を保有する者ではない。農用地利用計画に係る農用地区域内にある土地の所有者その他その土地に関し権利を有する者は、市町村が農業振興地域整備計画を定めようとするときに、当該農業振興地域整備計画の案に対して異議があるときは、異議の申出（さらに審査請求も）

をすることはできるが、その除外について申請権を有することをうかがわせる規定は農振法上見出し得ない。すなわち、従前は、農用地の指定は、処分には該当せず、行政計画としての行為であり、その除外は農用地の用途区分を行政庁が職権で変更する行為であると理解されてきた。

(3) **土地所有者からの申請による農振除外は可能か──処分性の有無（行訴法3条の取消訴訟）**

農用地区域から特定の農地を除外する場合には、市町村が、おおむね5年ごとに行う農業振興地域整備計画に関する基礎調査の結果により又は経済事情の変動その他情勢の推移により必要が生じて農業振興地域整備計画の変更を行う建前である。しかし、実務的には、除外を希望する土地所有者からの申請に起因する場合がほとんどである。そうすると、当該申請に基づく農振除外に処分性を認めるかどうかが問題となる。

従前の判例では、処分性は認められていなかった(注)が、最近では処分性を正面から肯定する裁判例も認められる。

|判例| さいたま地判平成20・2・27（農振除外が認められなかった事例）

【事実】
○ Xは、春日部市内に農地を所有しており、当該農地は春日部農業振興地域整備計画により、農用地区域内の農地として定められている。
○ Xは、本件農地をパチンコ遊技場の駐車場に転用する目的をもって譲渡することを理由として、春日部市に対し本件農地を農用地区域から除外する旨の申出を行った。
○ 春日部市は、農業振興地域の整備に関する法律13条2項4号及び同法施行令8条及び春日部市農業振興地域整備計画の管理に関する運用指針第3の4で定める「土地改良事業の工事が完了した翌年度から起算して8年を経過した土地であること」という農用地区域の除外基準に適合しないためとの理由により、Xの申出書を受理できないとの通知を行った。
○ Xは、春日部市を被告として、本件申出書の受理拒否通知が抗告訴訟の対象となる処分であるとして、その取り消しを求め、予備的に、本件農地が農用地区域に該当しないことの確認を求めた。

【争点】
① 本件農地が農用地区域の除外対象に当たるか。
② 所有農地を農用地区域から除外するように求めた農業振興地域整備計画変更の申出を不受理とした通知に処分性が認められるか。

【判旨】
① 以下の事実にかんがみ、農業振興地域の整備に関する法律第13条第2項の規定による農用地利用計画の変更については、土地所有者等に申請権が認められているというべきであるから、この申請を容認しないものとした本件受理拒否通知は、抗告訴訟の対象となるべき行政処分である。
　ア　春日部市農業振興地域整備計画の管理に関する運用指針において、土地所有者等に変更後の使用目的に係る資料、理由書等を添付した除外申出書を提出させていること。
　イ　除外の認定に当たって、当該土地の個別的属性を検討する必要があり、職権で探知することは困難であること。
　ウ　土地所有者等の土地利用目的変更の意思が利用計画変更の前提となっていること。
② 本件土地は、農業振興地域の整備に関する法律施行規則4条の3に定める土地改良事業の工事が完了した年度から8年が経過していない土地であるから、農用地区域からの除外対象に当たらない。

（注）　処分性が認められなかった事例としては、東京高判平成9・5・22がある。

3　農地とまちづくり〜農地転用と農振除外〜

チャート図　農地法（昭和27年法律第229号）

【目的】
- 直接目的：耕作者の地位の安定と国内の農業生産の増大
- 究極目的：国民に対する食糧の安定供給の確保

【手段】
① 農地を農地以外のものにすることを規制
② 耕作者による農地についての権利取得促進
③ 農地の利用関係の調整

【定義】○農地、採草放牧地　○世帯員等　○農業生産法人等

【責務】農地について権利を有する者 → 農地の農地上の適正かつ効率的な利用の確保

農地及び採草放牧地

【権利移転及び転用の制限】
- 農地のままでの権利移動 → 農業委員会の許可
- 転用 → 〈権利移動を伴わない場合〉　　　面積に応じ知事又は農林水産大臣の許可
　　　　〈権利移動を伴う場合〉　　　　　（市街化区域内は農業委員会に届出）
- 貸借 → 一般株式会社等でも参入可能

【農業生産法人】
- 農業生産法人の農地所有又は当該法人以外の者の所有農地の耕作 → 農業委員会に事業状況等の報告
- 農地を所有又は耕作している農業生産法人が農業生産法人でなくなった場合
  → 国が当該農地を買収
  　　その場合には農業委員会は国に対し関係種類を送付（→必要に応じて法人事務所に立入調査）

【賃貸借契約の解約等の調整】
- 農地等の賃貸借契約の解除、解約申入れ、合意解約、更新拒絶
  → 知事の許可（引渡前6か月以内の書面による合意解約の場合等例外あり） → 農業会議の意見聴取

【競売・公売の特例】
- 強制競売・担保権の実行としての競売の開始決定のあった農地等について買受申出のない場合
  → 申立人は、国に買い取るべき旨の申出 → 農林水産大臣は法定の額で買い取り
- 公売に付しても買受人がない場合
  → 滞納処分を行う行政庁は国に買い取るべき旨の申出 →農林水産大臣は法定の額で買い取り

【農業委員会（又は知事）による和解の仲介】
- 農地等の利用関係の紛争について、当事者の一方又は双方からの和解仲介の申立て
  → 農業委員会（又は都道府県知事）が仲介 → 農業委員会は仲介委員を指名 → 小作主事の意見聴取

遊休農地

- 農業委員会は、毎年1回及び随時に、区域内の農地の利用状況を調査
  → 遊休農地等の所有者等に農業上の利用増進を図るための必要な指導
- 農業協同組合等は農業委員会に対し、不耕作農地であること又は農業上の利用の程度が著しく劣っていることを認めたときは、農業委員会に適切な措置を講ずべきことを要求 → 農業委員会は利用状況調査等を実施
- 農業委員会は農地所有者等に対し、農業上の利用増進が図られない場合には、当該農地を遊休農地である旨を通知
- 通知を受けた農地所有者等は遊休農地の農業上の利用に関する計画を届出
- 農業委員会は上記計画が不十分である場合などにおいて、必要な措置を講ずべき旨を勧告
- 農業委員会は、上記勧告に従わない場合には、当該農地等の所有権の移転等を希望する農業生産法人を指定して移転等の協議を行う旨を通知
- 協議が整わない場合には、都道府県知事が調停・裁定

雑則

○買収した土地・立木等の管理・売り払い　○公簿の閲覧　○立入調査　○違反転用に対する処分

罰則

- 無許可、不正手段による権利移転、転用 → 3年以下の懲役・300万円（法人の場合1億円）以下の罰金
- 立入調査の拒否等 → 6月の懲役・30万円以下の罰金
- その他

column ⑤ 　自治紛争処理委員と農振除外の問題

　平成11年の地方分権一括法による地方自治法の改正において、都道府県と市町村とは上下主従関係ではなく、対等協力の関係と位置づけられた。このことを前提として、両者間の係争処理の仕組みとして自治紛争処理委員制度が設けられた。

　自治紛争処理委員にはいくつかの機能があるが、その一つが普通地方公共団体に対する国又は都道府県の関与のうち都道府県の機関が行うものに対する審査の機能である。この機能が初めて活用されたのが、農業振興地域の整備に関する法律（以下「農振法」という。）13条1項の規定による農用地利用計画の変更協議の申出に対して千葉県知事が不同意としたことを不服として、千葉県我孫子市長が総務大臣に審査を申し出た事例である。

　対象となった農地は、我孫子市根戸新田と呼ばれる区域にある。我孫子市では、農業振興地域整備計画地域のうちこの根戸新田にある農地14.8 haについて、農用地利用計画で定める農用区域から除外することを計画し、平成22年2月1日に、千葉県知事に対し、農振法13条4項の規定により、農用地利用計画の変更案に係る協議を行った。これに対し、千葉県知事は、上記農地14.8 haのうち少なくとも約6.6 ha余りの土地は、農振法10条3項2号に規定する土地改良事業等の施行に係る区域内にある土地であり、農用地区域とすべき土地であるとして、同月15日付で不同意とした。

　我孫子市はこれを不服として、同月24日付で総務大臣に対して、自治紛争処理委員の審査（以下「初回の審査」という。）に付することの申出を行ったものである。

　本件の争点は次の5点である。
① 　農振法10条3項が規定する農用地利用計画の基準の解釈（同基準に覊束性が認められるか）
② 　国営手賀沼干拓土地改良事業として行われた根戸新田所在の農地に係る農業用排水施設の新設又は変更の土地改良事業は、農業振興地域の整備に関する法律施行規則（以下「農振法施行規則」という。）4条の3第1号括弧書の除外事由「主として農用地の災害を防止することを目的とするものその他の農業の生産性を向上することを直接の目的にしないもの」に該当するか。
③ 　本件土地改良事業は農振法施行規則4条の3第1号イ「農業用用排水施設の新設又は変更」に該当するか。

column ⑤　自治紛争処理委員と農振除外の問題

④　本件事業は農振法施行規則4条の3第1号イ括弧書の除外事由「当該事業の施行により農業の生産性の向上が相当程度図られると見込まれない」に該当するか。

⑤　地方自治法250条の2第1項が規定する許認可等をするかどうかを法令の定めに従って判断するために必要とされる基準の設定及び公表義務違反の有無について

自治紛争処理委員は、本件事案の5つの争点のうち①から④までについて我孫子市の主張を退け、ただ、千葉県知事に「地方自治法第250条の2第1項が規定する許認可等をするかどうかを法令の定めに従って判断するために必要とされる基準の設定及び公表義務」違反があり、不同意について手続的瑕疵があるから、取り消されるべきであると判断した。そして、千葉県知事に対し、不同意を取り消し、地方自治法250条の2の規定に基づく基準を設定したうえで、我孫子市長との協議を再開することを勧告した。

自治紛争処理委員のこの判断については、

①　農地の確保に関する制度及び国の基本的な考え方を検証しないまま受け入れることを肯定すべきではなかった。

②　農業振興地域制度に関するガイドラインという技術的助言について、千葉県知事が拘束されるべき規範と考え、我孫子市にも千葉県にも法令解釈権の余地を認めていない。

③　本件勧告では、形式的には千葉県が負けたが、実質的には我孫子市が負けたものである。

④　本件勧告は法律論に終始しているとの趣旨の意見が示されている。

これに対しては、自治紛争処理委員の一人から逐一反論がなされている。

千葉県知事は、初回の審査の勧告を容れて改めて基準を設定・公表したうえで、我孫子市長との協議を再開したが、改めて農用地利用計画の変更案についての協議に不同意としたので、我孫子市長が、再度不服を申し立てた。

自治紛争処理委員は、我孫子市長の再度の審査の申出を受けて審査し（以下「第2回の審査」という。）、我孫子市の主張を退けて、千葉県の行った不同意については、違法ではなく、且つ、不当であるとも認められないとした。

我孫子市が自治紛争処理委員に不服を申し立てた背景としては次のようなものがある。我孫子市は、手賀沼沿い農業活性化指針及び高野山新田農業体

107

column ⑤ 自治紛争処理委員と農振除外の問題

験リフレッシュプログラム（手賀沼農舞台）という政策を実施しようとしており、この「手賀沼農舞台」の実施にとって農振除外が前提となっていた。また、根戸新田における農振除外については我孫子市議会に地権者33人中19人（その所有面積は根戸新田農地の90％に当たる）による農振除外を求める請願が提出され、我孫子市議会で僅差で採択されている。

我孫子市総合計画審議会の議事録を見ると、根戸新田に所在の農地について農振除外とする理由について、20ha未満であること、当該農地が優良農地と言えないこと、農振除外を求める請願が議会で採択されたことを挙げている。また、我孫子市が進める「農舞台」という施策について根戸新田の地権者は農振除外をすることが協力の条件としているようである。地権者は農振除外を求める理由として、高齢化と農業後継者の不在を挙げている。

ちなみに、農振農用地に係る農地転用は原則として不可であるが、農振農用地として除外されれば、農地転用は格段に容易となる。

また、我孫子市では、我孫子市農用地等の保全活用に関する条例（以下「市条例」という。）を制定しているが、当該条例における保全活用区域の指定は、根戸・我孫子新田地区に係る農用地区域の土地について、農用地区域から除外した場合に限って行うこととしている。すなわち、我孫子市では、根戸新田の農地については農振法による除外を行った後に当該条例を適用する区域に指定しようとするものであり、農振法に基づく農用地であれば農用地として利活用されることが前提であるのにこれを除外した上で、市条例を適用しようとするものである。一見矛盾するようであるが、市条例は農用地として利活用し農地転用を一切認めない運用を予定しているわけではない。

なお、2ha未満の農地転用の権限は都道府県知事にあるが、千葉県にあっては地方自治法上のいわゆる特例条例により、当該権限を我孫子市に移譲している。したがって、我孫子市長はその判断において農地転用を認めることができるものである。

第6章 災害

1 災害対策法制

平成23年5月　石巻市の被災状況

はじめに

　災害は突然やってくる。災害対策はしばしば後追いとならざるを得ない。突然の災害により、はじめて（あるいはあらためて）法整備の不備が露見する。災害の発生によって従前の法制度の不備が認識され、対応がなされるという流れが、災害対策法制の歴史である。

　災害に関する法律は、主要なものに限ってもおびただしい数がある。本項では、代表的な法律を取り上げ、適宜、東日本大震災における運用、その後の改正状況などに触れることにする。

1　災害に関する代表的な法律(注1)

(1) 災害対策基本法

①　制定背景について

　従前、災害応急法制は、災害救助法、水防法、消防法等、各分野ごとにある程度は存在していたが、全体を調整する体制は整っていなかった。昭和34年、伊勢湾台風が発生し、甚大な被害が発生したことが一つの契機となり、災害対策基本法（以下「基本法」という。）が制定された。

第6章 災　害

② 制度概要

「暴風、豪雨、豪雪、洪水、崖崩れ、土石流、高潮、地震、津波、噴火、地滑り」などが災害とされる（基本法2①）。災害への予防対策、応急対策、災害復旧が防災と定義され（基本法2②）、国、市町村、都道府県等の役割分担、権限・責任が定められる。防災に要した費用に関する財政金融措置、関東大震災のような極めて重大な非常災害が生じた場合の措置として災害緊急事態の規定が定められている（基本法105〜）。災害発生時にまず市町村が避難勧告、指示等において初動対応を取ることが義務付けられるなど、市町村中心主義が採用されていること、各主体が策定する防災計画相互間での調整が図られる仕組みが採用されていることなどが特徴である。図1のように、各主体が防災計画を作成することになり、それぞれの計画は、それぞれ上位の計画に抵触することは許されない。

図1　防災計画相互間の関係図
（野口貴公美、幸田雅治編『安全・安心の行政法学』（ぎょうせい、平成21年）70頁、http://www.bousai.go.jp/kohou/kouhoubousai/h26/75/news_02.html を参考に作成。なお、番号は基本法の条文番号、──▶は抵触の禁止、----▶は計画作成時に基づくこと、を意味する。）

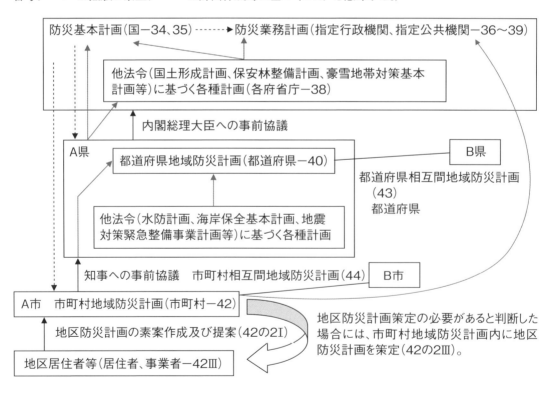

③ 避難にあたり各主体が果たすべき役割

災害からの避難に当たって基本となる考え方は、図2のとおりである。

図2　避難行動における各主体の果たすべき役割
（内閣府（防災担当）による「避難勧告等の判断・伝達マニュアル作成ガイドライン」（平成26年9月改訂版）（以下、単に「避難勧告等ガイドライン」と呼ぶ。）
http://www.bousai.go.jp/oukyu/hinankankoku/guideline/pdf/140922_honbun.pdf を参考に執筆者作成）

市町村　避難勧告等の発令権限（基本法60）、指定緊急避難場所、指定避難場所の指定（基本法49の4、49の7）	適時的確な避難行動を可能にするための知識と情報提供　→	住民　各人自らによる避難行動の原則

避難勧告等（避難準備情報＜避難勧告＜避難指示）の判断基準の設定（①過去の災害から対象災害を想定し、②洪水ハザードマップ、土砂災害防止法に基づく土砂災害警戒区域（あるいは都道府県調査による土砂災害危険区域）、津波防災地域づくりに関する法律に基づく津波浸水想定を踏まえ指定した津波災害警戒区域等を参考として対象区域を設定する）

避難勧告等の判断に関する助言（基本法61の2）　←　専門機関（津波であれば、土木事務所、国土交通省港湾事務局、地方気象台など）

東日本大震災において、死亡原因の90パーセント以上を占めたのは、津波による水死であった。津波に関する情報収集義務違反、避難指示義務違反などを理由として、管理者の責任が問題となった訴訟も提起されている（図3にまとめた）。

図3　東日本大震災に伴う津波被害に関して管理者の責任が問題となった裁判例整理

	①仙台地判平26年3月24日判時2223号60頁	②仙台地判平25年9月17日判時2204号57頁	③仙台地判平26年2月25日判時2217号74頁
共通事象	①平成23年3月11日午後2時46分（東日本大震災発生。以下日時はいずれも同日pm）②2時50分　気象庁による第1大津波警報（宮城県6メートル）③3時14分　気象庁による第2大津波警報（宮城県10メートル以上）		
時系列	2時52分　被告山元町の避難指示（「沿岸部にいる方は避難してください」） 3時25分　被告山元町→亘理消防本部へ避難指示放送実施要請。	3時2分頃　園長の指示で、海側に向けたコースを通って送迎される園児7人及び一度バスが戻ってきた後に、再度内陸側へ送迎されるはずの5人についても、同バスに乗せて園（標高約23mの高台にある）から出発。	2時55分　第1大津波警報が発令されていることを知り、支店長外出先より戻る。「片付けは最小限にし、避難するように」と指示。

第6章 災害

	3時55分　山元町新浜区への津波第一波が確認され、最終的に保育所付近の浸水深は2.4mとなる。災害対策本部総務部長の現状待機指示に従い、4時頃まで園庭(海岸線から1.5km)で待機していた児童らは津波に被災。	3時10分頃　海側自宅園児の保護者数名が指定避難所(門脇小学校。海抜約10m)に避難し、不在。門脇小学校へバス運転手は向かう。直後、園長が教諭に対して「バスを上げろ」と園に戻すように指示。徒歩で、教諭はバス運転手に指示を伝えに行く。園児5人を乗せたバスは、海側から園に戻るため出発する。 3時45分　園に戻る途中で渋滞に巻き込まれたバスは、津波に被災。	3時5分　行員ら13人、支店ビル(鉄筋コンクリート3階建て)屋上(床までの高さは約10m)に避難。 3時25分以後、水嵩は増し、屋上の半分くらいまで達したところで、3階電気室(3階電気室屋根上までの高さ約13.35m)に全員避難。まもなく水嵩が達し、全員が海抜20m程度の津波に流された。
判決	請求棄却	請求一部認容(その後、仙台高裁で被告から原告に対して総額6000万円の和解金を支払うなどの内容で和解が成立している)	請求棄却
当事者	原告：保育所児童遺族、被告：山元町(保育所設置運営者)	原告：幼稚園園児遺族、被告：幼稚園の設置者であるH学院、幼稚園園長	原告：女川支店従業員遺族、被告：(株)七十七銀行
予見可能性	4時頃　保育所の80m先に津波の押し寄せを発見するまで、浸水範囲が内陸広範囲に拡大することは予測し得ず、保育所に津波が到達しうる危険性を予見できなかった。	高台の幼稚園から海沿いの低地帯(海岸堤防より200m～600mの範囲かつ標高0～3m)に向けてバスを走行させれば、途中津波により被災することは十分に予見可能であった。	第2津波警報が発令されるよりも前の午後3時段階で約20m近くの巨大津波が押し寄せてくることは予見できなかった。
結果回避義務違反	保育所所長に適切な避難方法を指示すべき義務違反は認められない。	園長における地震発生後の津波に関する情報収集義務違反(ラジオや防災行政無線により積極的に津波情報を収集せず、海側ルートに行くはずのない園児まで同バスに乗せる旨指示)を肯定。	はじめから支店ビルでなく、女川町の指定避難場所(堀切山)に避難するよう指示すべき義務、第2津波警報発令後、避難場所を堀切山へ変更すべき義務などを否定。

なお、平成21年8月9日発生の台風9号にともなって発生した兵庫県佐用町水害に関し、佐用町長による避難勧告(基本法61条)の発令時期及び発令方法について、国賠法上の違法性(規制権限の不行使)が問われた事案がある(神戸地判平成25年4月24日判タ1405号110頁)。結論は請求棄却であるが、避難勧告等ガイドラインに沿った地域防災計画を定め、避難勧告発令の基準が設定され、同基準に従わずに避難勧告発令の権限を行使しなかった場合には(同基準が不合理でない限り)、原則として国賠法上違法と評価されるとしている点には留意すべきである。

避難勧告等ガイドラインでは、災害ごとにいかなる避難勧告を発すべきかなどが示されているが、平成26年9月に改訂されているため(例えば、津波については、避難指示発令を基本とし、警報の種類(大津波警報(最大クラスの津波により浸水が想定される地域)、津波警報(高さ3mの津波によって浸水が想定される地域)、津波注意報(海岸堤防等より海側の地域))によって対象地域が異なるものとされている)、各市町村においては、改訂に伴い地域防災計画の改訂を行う必要があるかどうか検討しなければならない。

④ 法改正の状況など

基本法制定後、図4のとおり法改正及び新たな法律が制定されている。

図4 基本法の主要な改正内容

時期	改正内容	備考
平成7年改正	①緊急事態の布告と緊急災害対策本部の設置が切り離され、②市町村長から自衛隊に対し災害派遣要請が可能とされるなどした。	
平成24年6月改正	市町村長からの要望なしに、都道府県や国が自主的に物資の補給等を行えるようにされた。	東日本大震災において、市町村が壊滅的となり、市町村中心主義を徹底できないことが明らかになったことなどによる。
平成25年6月改正	地区防災計画制度(地区居住者等から防災計画を提案し、市町村地域防災計画に組み込むことが可能となる制度)が創設された。	図1も参照。平成26年3月には、内閣府によって地区防災計画ガイドラインが策定されている。
平成25年6月制定	大規模災害からの復興に関する法律が制定される。「著しく異常かつ激甚な非常災害」かつ基本法上の緊急災害対策本部が設置される災害を「特定大規模災害」とし、復興対策本部の設定や市町村による復興計画の作成などが規定された。	上記平成24年、25年改正で積み残されていた課題たる「復興の枠組みの整備」として対応される。東日本大震災後、復興に関しては同震災復興基本法、同震災復興特別区域法などが制定されていたものの、一般的枠組みを定める必要性が説かれていた。

第6章 災害

(2) 被災者生活再建支援法^(注2)

① 制度背景について

被災者への金銭給付による公的な支援について、従前よりその必要性が唱えられていた。ただし、「私有財産については個人が保険等で自衛すべきであり、国家は個人補償せず」という考えが障害であった。しかし、阪神・淡路大震災後に将来の災害に備えた法律の必要性が強く主張されることとなり、結果、被害への補償ではなく自力で生活を再建することが困難な者への支援としての支給形式が採用された。

② 制度概要について

基礎支援金として、図5のように住宅の被害の程度に応じて100万円または50万円が支払われる（図5は、内閣府防災情報のHP「被災者生活再建支援制度の概要」http://www.bousai.go.jp/hou/pdf/080818gaiyou.pdf より作成）。

図5　被害に応じた基礎支援金支給額

住宅の被害の程度	全壊	住宅が半壊、又は敷地に被害が生じ、やむを得ず解体	災害による危険状態が継続し、居住不能な状態が長期継続（長期避難）	住宅が半壊して、大規模な補修を行わなければ居住困難（大規模半壊）
支給額	100万円	100万円	100万円	50万円

加えて、住宅の再建方法に応じて下記のように加算支援金が50万円〜200万円の範囲で支払われる（図6。引用：上記「被災者生活再建支援制度の概要」内の図）。被災から37か月以内の申請が必要となる（基礎支援金は13か月以内）。

図6　被害に応じた加算支援金の支給額

住宅の再建方法	建設・購入	補修	賃借（公営住宅以外）
支給額	200万円	100万円	50万円

※　一旦住宅を賃借した後、自ら居住する住宅を建設・購入（又は補修）する場合は、合計で200（又は100）万円

③ 改正状況について

平成16年改正により、従前最高100万円であった生活再建のための資金に加え、居住関係経費として最高200万円、合計300万円までの支給が認められた。また、全壊及び全壊と同等の被害と認められる世帯以外の大規模半壊世帯についても、支給が認められるようになった。

平成19年改正により、生活関係経費と居住関係経費という使用の目的、収入要件、年齢要件がなくなった。なお、東日本大震災においては、申請期限内に再建方法について決定することが困難な者も多数存在することが想定されたため、基礎支援金は最大4年1か月以内、加算支援金は最大7年1か月以内までの申請が可能とされている。

④　依然として残る問題点とその点への対応

第1に、地区によって被害に差が出る局地的な災害事例（竜巻など）では、要件充足性が市町村によって異なり、補償に差が出る。

第2として、被害認定に用いられることになる罹災証明自体の問題がある。罹災証明は、家屋の被害程度について各種公的支援の根拠として用いられ、家屋の所有者等からの申請で、区長（ただし、火災については所在地区の消防署署長）が発行し、「災害の被害認定基準について（平成13年6月28日府政防第518号通知）」に基づき作成された「災害にかかる住家の被害認定基準運用指針（内閣府）」によって運用される。東日本大震災においては「平成23年度東北地方太平洋沖地震に係る住宅被害認定の調査方法」策定によって、罹災証明の代替手段として被災証明を用いる、あるいは緊急措置として罹災証明の追完を許す、という措置がとられた。なお、平成25年の基本法改正において、罹災証明は法定化され、市町村長において災害時に遅滞なく交付すること、そのために平常時より体制の整備を努力することなどが義務付けられた（基本法90条の2）。

(3) 災害救助法(注3)

① 制度背景について

災害救助に関する法律としては、罹災救助基金があったが、あくまでも基金に過ぎず、具体的に災害が発生した場合の救助活動や物資の調達については何ら規定がなく、また金額も少なかった。昭和21年の南海地震を契機として、将来発生する災害に備える必要性が強く唱えられ、昭和22年に制定されることとなった。

② 制度概要について

市町村の人口に応じて一定数以上の住家の滅失がある場合（例えば、人口5000人未満の市町村であれば住家全壊が30世帯以上ある場合）等の要件で適用される。救助は、厚生労働省の定める基準に従い、都道府県により現物で行われる（現物支給原則）。①避難所、応急仮設住宅の設置、②食品、飲料水の給与、③被服、

寝具等の給与、④医療、助産、⑤被災者の救出、⑥住宅の応急修理、⑦学用品の給与、⑧埋葬、⑨死体の捜索及び処理、⑩住居又はその周辺の土石等の障害物の除去である。都道府県の業務については、市町村が補助し、必要な場合は市町村自体が救助事務の一部を行うことができる。救助に必要な費用については、一旦都道府県が支出したうえで、国に対して求償を求める。100万円までについては、国に全額求償を求めることができるが、100万円を超えた場合には、当該都道府県の普通税収入見込額の割合に応じて、国が負担する額が変わる。

③　従来から述べられていた問題点及び東日本大震災における弾力的運用について

　第一に、救助にかかる費用については、まず都道府県が支出し、後に国に対して求償するという仕組みであるため、都道府県にとっては、支出した時点では、最終的に国によって求償がなされるかは未確定となる。東日本大震災においては、地域の実情にあわせた追加的な費用についても国庫負担の対象となること、都道府県に求償業務に関して過度の負担がかからないように、厚生労働省が事務処理を代行すること等の弾力的運用に関する通知が厚生労働省よりなされた。なお、平成25年災害救助法改正により、都道府県が他の都道府県の応援のために支出した費用について、一時的に国が立替払いを行うことが可能となった（災害救助法20Ⅱ～Ⅳ）。

　第二に、広域に広がる災害が生じた場合に、多数の被災者が各地の避難先へ分散することで、支援を受けられなくなる可能性が、東日本大震災を契機に強く問題視された。総務省は、避難者がどこへ避難したかにつき情報を収集する必要性から、全国避難者情報システムを構築するために、都道府県へ協力を求めている。東日本大震災における原子力発電所の事故による災害に対処するための避難住民に係る事務処理の特例及び住所移転者に係る措置に関する法律が制定された。住民票を移さずに避難している避難住民が（そのため納税は避難元自治体に行うことになる）、避難先の市区町村の担当窓口へ避難住民届を提出することで（あるいは、全国避難者情報システムに登録することで）、避難先の地方公共団体から特例事務として定められた行政サービス（主に、医療・福祉、教育関係）を受けられる。その後、平成25年基本法改正により、災害避難時に配慮が必要とされる者に関する避難行動要支援者名簿の作成が市町村長には義務付けられ（基本法49の10）、また一部自治体において事実上行われていた被災者台帳の作成も法的裏づけがなされることとなり（基本法90の3、4）、個人情報保護などへの抵触問題が整理

された。

　第三に、仮設住宅の問題性の一部を述べる。建築基準法85Ⅲ、Ⅳによって、2年間3ヶ月の存続期間を限度に仮設住宅は建築され、利用される。法施行令9条1項「災害救助法による救助の程度、方法及び期間並びに実質弁償の基準」等によって、1戸当たり29.7㎡を基準とし、国の補助対象限度額は、1戸あたり238万7千円となる。仮設住宅の入居者決定プロセスにおいては、従前、家族ごとの抽選によって入居者が決められていたが、コミュニティの崩壊につながるものである、という批判がされていた。

　コミュニティの分断に歯止めをかけることが期待される法律として、防災のための集団移転促進事業に係る国の財政上の特別措置等に関する法律が従前より存在し、この法律の適用が認められると、集団移転にかかる費用について国から4分の3の補助が出ることになる（残りの4分の1については、自治体が負担することになる）。噴火、地震災害に関して、集団移転促進事業がなされたのは図7のとおりである。

図7　噴火、地震災害に関する集団移転促進事業の利用状況

原因となった災害		団体名		移転戸数（地区数）
昭和58年10月	三宅島噴火災害	東京都	三宅村	301戸
平成2年11月	雲仙・普賢岳噴火災害	長崎県	島原市	90戸
			深江町	15戸
平成5年4月	雲仙・普賢岳噴火災害	長崎県	島原市	19戸
平成5年5月	北海道南西沖地震災害	北海道	奥尻町	55戸
平成12年3月	有珠山噴火災害	北海道	虻田町	152戸
平成16年10月	新潟中越地震	新潟県	長岡市	30戸
			小千谷市	80戸
			川口町	25戸
東日本大震災（平成26年3月末時点における事業計画策定済地区）		岩手県		52地区
		宮城県		120地区
		福島県		9地区
		茨城県		1地区

(http://www.mlit.go.jp/common/001034433.pdf 参照。)

　東日本大震災復興特別区域法によって一定の対応が図られた。すなわち、補助限度額を406万円から708万円へ引き上げる措置や、地方負担分4分の1のうちの2分の1については追加的に東日本大震災復興交付金を交付し、残りの2分の

1については震災復興特別交付税を交付することで地方の負担をなくす措置、10戸以上から5戸以上へ住宅団地の規模要件の緩和をなす措置、等がなされ、防災集団移転促進事業の拡充が図られた。

4　原子力損害の賠償に関する法律(注4)

(1) 制定背景について

1957年のプライス・アンダーソン法（米）を皮切りに、各国で制定されていく。①事業者の無過失責任、②免責事由の厳格な制限、③原子力事業者への責任集中、④賠償責任限度額の設定、⑤賠償措置（責任保険等）の強制、⑥国家による補完的補償、といった6原則が、多くの国で採用され、日本においては、後に述べるように④を除いてこれらの原則が採用された。

(2) 制度概要について

原子力事業者の無過失責任が規定されている。免責事由は、異常に巨大な天災地変が認められた場合という極めて例外的場合のみである。原子力事業者に責任が集中されている。原子力事業者に対する苛酷な責任の実効性を確保するために、一事業所当たり1200億円（立法時は50億円であったが、60億円（昭和46年）、100億円（昭和55年）、300億円（平成2年）と随時賠償措置額が上げられていき、平成22年の改正によって600億円から1200億円に上げられていた）の損害賠償措置（原子力損害賠償責任保険契約あるいは原子力損害賠償補償契約の締結若しくは供託）を講じなければ、原子炉の運転は出来ないとし、支払の履行を確保している。原子力事業者が責任を果たせない場合に備えて国家による補完的補償がなされることになっている。

図8　原子力損害の賠償に関する法律の概要

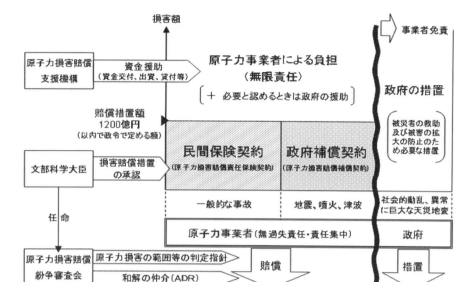

（文部科学省 http://www.mext.go.jp/a_menu/anzenkakuho/baisho/1261001.htm）

(3) 日本における原子力事故及び原賠法をめぐる状況について

　日本における原子力発電所に起因する主要な事故は、図9のとおりである。

図9　日本における原子力発電所に起因する主要な事故

昭和53年11月2日	東京電力福島第一原子力発電所3号機事故	はじめての臨界事故。事故発生から29年にわたって公表されていなかった。
昭和56年4月	敦賀原子力発電所の放射能事故隠蔽問題が発覚	
平成3年2月9日	美浜原子力発電所2号機における事故	
平成7年12月8日	高速増殖原子炉もんじゅのナトリウム漏洩火災事故	平成22年5月まで運転停止となる。その後、再開するも、落下事故、点検漏れなどを理由に、平成25年5月に運転再開の準備停止命令が下される。
平成11年6月18日	北陸電力志賀原子力発電所1号機事故	二度目の臨界事故
平成11年9月30日	東海村臨界事故	国際原子力事象評価尺度4、死者2名。

　以下、原子力損害の賠償に関する法律（以下「原賠法」という。）に基づく処理が実際にはじめて問題となった東海村臨界事故の顛末を振り返った後、東日本大震災

にともなう福島第一、第二原子力発電所事故における損害賠償請求について確認する。

① 東海村臨界事故発生における賠償の経緯、その後の法改正について

図10　東海村臨界事故発生から賠償までの経緯

平成11年9月30日	東海村臨界事故が発生する。 その後、JCOに対する直接損害賠償請求が多発する。5日後には200件となる。直接交渉がなされるも、多くの話はまとまらず、県や村が賠償請求の窓口となる。国からJCOに対し、賠償金の速やかな支払を行うようにとの要請がある。
平成11年12月11日	JCOが賠償に関する指針として「JCOの補償等の考え方と基準」（10キロメートル圏内において1か月間の損害補償を基本とする）を示すも、内容自体の問題性、加害者からの一方的提示から、かえって関係者から強い反発を招く。
平成11年末	後日の精算を条件に、申出がなされていて、かつ資料が整っている約2,700件に対して請求額の2分の1を基準とする支払い（合計約54億円）がなされた。
平成12年3月29日	原子力損害調査研究会が、原子力損害調査研究会最終報告書（避難費用、財物汚損、営業損害（風評損害）などに関する損害項目ごとの考え方を含む。）をまとめる。
平成22年5月31日	最終的に被害申出総数8,018件。取下げや請求の意思がない件1,035件を除いた6,983件全件について、合意がなされた（合意金額合計約154億円）。上限額10億を超える部分について、親会社住友金融鉱山（株）が支払、国の援助はなかった。平成12年から15年までに、被害者から7件の訴訟が提起された。

東海村臨界事故発生後の賠償経緯は、図10のとおりである。東海村臨界事故を受け、原賠法それ自体の改正がまずなされた。賠償措置額が600億円から1200億円にあげられるとともに、原子力損害賠償紛争審査会による業務に指針作成の業務（原賠法18条）が法定された。原子力損害調査委員会による報告書における指針が結果として重要な位置を占めたことによる。さらに、災害対策基本法の特別法として国の権限が強化された原子力災害対策特別措置法が平成12年4月1日に制定され、また核原料物質、核燃料物質及び原子炉の規制に関する法律が改正され、保安規定の遵守、国の検査体制のさらなる充実が図られることとなった。

② 東日本大震災に伴う福島第一原子力発電所事故について

　原子力損害（原賠法2Ⅱ）被害者は、原賠法に基づき事業者たる東電に対して損害賠償請求を行うことが可能である。なお、免責事由である「異常に巨大な天災地変」に東日本大震災が該当しないかが一応問題となりうる。しかし、「異常に巨大な天変地変」のうち地震として想定されていた地震は関東大震災の3倍の震災であったこと、東京電力においても免責事由を主張せずに賠償に応じていく意向であることなどから、免責事由の抗弁は東京電力自身によって主張がなされないこととなった。

　東電が負担することとなる賠償金額は、賠償限度額を超える見込みとなり、限度額を超えた場合の国の援助が必要となる可能性が明らかとなった。国が必要な援助を行うことを可能とするため、平成23年8月10日に原子力損害賠償支援機構法（以下「機構法」と呼ぶ。）が公布され、9月12日には原子力損害賠償支援機構が設立された。事業者は、原子力賠償支援機構に対して資金援助の申し込みをなし、決定がなされることで、国による援助がなされる。また、平成23年7月28日に平成23年原子力事故による被害に係る緊急措置に関する法律（いわゆる「立替払い法」）も制定された。立替払い法は、国がまず被害者に対して賠償の支払を行い、その後に国から東京電力に求償する措置を行うものであり、機構法とあわせて賠償支払いが適正・迅速になされることが求められている。

③ 具体的な請求方法及び賠償支払い状況について

　原子力損害被害者が東電に対して請求する方法、現状の支払状況などは図7のとおりである。なお、平成23年4月28日付で原子力損害賠償紛争審査会において「東京電力株式会社福島第一、第二原子力発電所事故による原子力損害の範囲の判定等に関する第一次指針」が定められ、以降同第二次指針（H23.5.31）、同第二次指針追補（H23.6.20）、同中間指針（H23.8.5）、同中間指針追補（H23.12.6）、同中間指針第二次追補（H24.3.16）、同中間指針第三次追補（H25.1.30）、同中間指針第四次追補（H25.12.26）が定められている。

第6章　災　害

図11　各請求方法とその特徴など

	東京電力に対して直接請求する方法	平成23年度原子力事故による被害に係る緊急措置に関する法律に基づいて仮払金を請求する方法	原子力損害賠償紛争解決センターにおいて和解の仲介手続を求める方法	裁判所へ訴えを提起する方法
特徴	対象者は限定されていない。紛争審査会設定の指針に沿った東京電力作成の賠償基準により賠償がなされる。	風評損害が対象で、旅館業や旅行業等を行う中小企業に限定されている。国から被害者に対して仮払金を支払った後、国は東京電力に求償する。	対象者は限定されていない。申立手数料等は不要。紛争審査会設定の指針及びそれを元にした統括基準により賠償がなされる。	対象者は限定されていない。訴訟物の価額に応じた印紙代等が必要。
賠償支払状況	仮払い計約1,506億円、本賠償4兆2,886億円を支払済み（H26.11.14時点）	平成24年3月までに50件、約17億円を支払い済み。	申立数13,769件、既済件数11,019件（全部和解9,087件、打ち切り960件、取り下げ971件、却下1件）現在進行中件数2,750件（平成26.11.14時点）	不明。
消滅時効に関する取り扱い	被害者と協議をしている場合には時効期間にカウントしないなど柔軟かつ適切な対応を取ると説明されている。		東日本大震災に係る原子力損害賠償紛争についての原子力損害賠償紛争審査会による和解仲介手続の利用に係る時効中断の特例に関する法律が制定され、紛争解決センターに申立を行っている者について、審査会により和解の仲介が打ち切られた場合に、申立者が打ち切り通知を受けた日から1ヶ月以内に訴訟を提起した場合には、和解仲介申立時に訴えの提起があったものとみなされることとなった。	東日本大震災における原子力発電所の事故により生じた原子力損害に係る早期かつ確実な賠償を実現するための措置及び当該原子力損害に係る損害賠償請求権の消滅時効等の特例に関する法律により消滅時効が10年に延長された。

＊特徴については、『原子力損害賠償の実務』を参考とし、賠償支払い状況については、平成24年4月22日付文部科学省、経済産業省による「原子力損害賠償の状況について」http://www.reconstruction.go.jp/topics/12_5%281%29baisyou.pdf、東京電力、文科省のHP参照）

　なお、以上と別に、国に対して原発事故に対する国家賠償請求訴訟を、事業者以外の原子力機器メーカー等に対して共同不法行為に基づく損害賠償請求を提起することが認められるかについては議論がある。前者、後者ともに原賠法の責任集中規定がそもそも事業者以外に対する請求をおよそ排除しているのではないか、前者については、排除しているとした場合に憲法17条違反（いわゆる郵便法違憲判決（最判平成14年9月11日民集56巻7号1439頁）が先例である）が生じるのではないかなどの点が論点となる。

④ 原子力規制委員会の設置など

　平成 24 年 6 月 27 日に原子力規制委員会設置法が公布され、同年 9 月 19 日に原子力規制委員会が設置された。従前の規制体制との相違点は、下記図 12（首相官邸の HP　http://www.kantei.go.jp/jp/headline/genshiryokukisei.html より）参照。関連事務を一元化し、独立性・透明性を確保するとともに、発電用原子炉の運転期間を 40 年と制限し、内閣に原子力防災会議を常設するなどされた。

図 12　原子力規制委員会による新たな規則体制と従前の体制の相違点

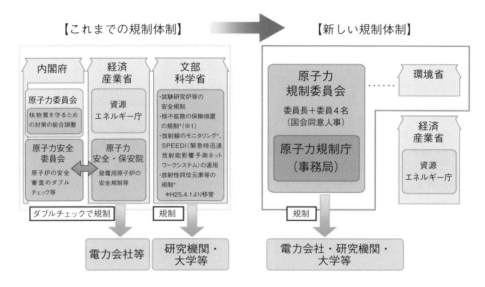

5　むすびにかえて(注5)

　どれだけ発生する確率が低くとも、一度その大惨事が発生すると、人々は次に起こるべき同一種類の大惨事の発生を過剰に意識する。過剰な意識は、ともすれば、過剰な負担を強いる。滅多に発生しない大惨事に対していかなる態度で臨むべきなのか。一般的には、「重大または不可逆的な損害の脅威がある場合、十分な科学的確実性の欠如を理由として、環境悪化を防ぐ費用対効果の高い措置を先送りすべきでない。」（例えば、リオデジャネイロ宣言の定義を参照）といういわゆる予防原則の適用が主張されることが多い。しかし、具体的事例への適用は必ずしも一義的ではない。さまざまな考えはありうるが、少なくともわれわれは、不確実性を伴うリスクに対し、発生しうる最悪の事態を想定し、その場合に生じうる結果を最小限度にとどめるべく日常から行動しなければならない。地区防災計画策定にあたっては、当該地区の住民らの意見が反映されることになり、過去の住民らから伝承（基本法 7 条 3 項）で伝わる内容もある。東日本大震災、原発事故後の被害はまだ収束して

第6章　災　害

いない。あの日何が起こったか、われわれは、語り継がなければならない。

(注1) 風間則男「災害対策基本法の制定」（近畿大学法学50巻1号）、大橋洋一「国民保護法制における自治体の法的地位－災害対策法制と国民保護法制の比較を中心として－」（法政研究70巻4号839頁）、津久井進『大災害と法』（岩波新書、2012年）など参照

(注2) 奥津伸「被災者生活再建支援法について」（ジュリ1138号39頁）、石崎誠也「視点　災害と被災者生活再建支援－早速試された2004年被災者生活再建支援法改正」（ジュリ1282号2頁）、石川哲・河崎健一郎・杉岡麻子・米村俊彦・秋山靖浩・山野目章夫「[座談会] 被災地におけるコミュニティの再建と法律家の役割」（法セミ685号）1～14頁、社会労働調査室（中川秀空）「被災者生活支援に関する制度の現状と課題—東日本大震災における対応と課題—」（「調査と情報」第712号）など参照

(注3) 「災害救助法の抱える課題～被災者支援のあるべき姿に関する研究（その1）」（平成9年、「地域安全学会論文報告集」7号90頁～94頁）、阿部泰隆『大震災の法と政策－阪神・淡路大震災に学ぶ政策法学』（日本評論社、平成7年）、北村喜宣「仮設住宅の供与と運用」（ジュリ1427号46頁）、北原啓司「法制度と向き合う真の復興まちづくりとは」（ジュリ1427号35頁）など参照。

(注4) 道垣内正人「国境を越える原子力損害に関する賠償責任」（ジュリ1015号157頁）、大塚直「東海村臨界事故と損害賠償」（ジュリ1186号36頁～43頁）、石橋忠雄、大塚直、下山俊次、髙橋滋、森島昭夫「[座談会] 原子力行政の現状と課題－東海村臨界事故1年を契機として」（ジュリ1186号2頁～27頁）（原子力損害賠償実務研究会『原子力損害賠償の実務』（平成23年、民事法研究会）、人見剛「福島第一原子力発電所事故の損害賠償」（法セミ683号20頁））、「原子炉等規制法の改正と原子力災害対策特別措置法の制定」（ジュリ1186号）28頁～35頁、有林浩二「原子力損害賠償支援機構法の制定と概要」（ジュリ1433号32頁）、森田章「政府の援助の義務と電力会社のガバナンス」（ジュリ1433号45頁）、東京電力（株）『福島原子力事故調査報告書（中間報告書）』、野山宏「原子力損害賠償紛争解決センターにおける和解の仲介の実務1」（判時2140号3頁）、福島原発事故独立検証委員会『福島原発事故独立検証委員会　調査・検証報告書』（（株）ディスカヴァー・トゥエンティワン、平成24年3月）、卯辰昇『原子力損害賠償の法律問題』（金融財政事情研究会、2012年）など参照

(注5) キャス・サンスティーン『最悪のシナリオ　巨大リスクにどこまで備えるのか』（みすず書房、2012年）

column ⑥ 「箕面市災害時における特別対応に関する条例」と震災緩和

1 震災緩和

東日本大震災後に、各種規制について、国の省庁が様々な規制緩和措置を行った。これらの震災緩和の内容による分類として次のような整理が示されている[*1]。

① 権利利益期限の延長（特定非常災害の被害者の権利利益の保全等特別措置法（以下「特措法」という。）第3条）
② 義務履行日の延長（特措法第4条）
③ 既存の解釈運用の変更（土地利用ガイドラインの変更に関する技術的助言、独占禁止法の解釈の明確化など）
④ 手続きの省略・緩和
⑤ 行政上の制裁措置の不適用の表明（食品衛生法上の行政措置、JAS法の緩和など）
⑥ 権利の付与・義務の免除・基準不適合の許容（水産物輸入枠の拡大、国民年金（保険料）の支払義務の免除、被災地復興目的の船舶乗組み基準の緩和など）

震災緩和の法形式としては、法律、政令、省令、公表、通知、事務連絡、監督指針、告示等があるとされている[*2]。

2 条例による震災緩和

このように東日本大震災に際して震災緩和は、国の省庁において実際に行われており、その法形式も様々であったことがわかる。これに対し、自治体でも、その所管事務について条例であらかじめ、一定の要件を備える場合に包括的に規制を緩和することが考えられる。一定の要件とは、例えば災害対策本部長である首長の宣言を要件とすることである。これは、災害対策基本法105条の内閣総理大臣による災害緊急事態の布告の自治体版であるといえる。このことによって、自治体として独自の迅速な災害対策を実施することが期待できる。

実例としては本稿で取り上げる箕面市条例がある。論点としては、次の二つが考えられる。

① 条例の効力の範囲に限界があることから、震災緩和といっても法律の領域を含むあらゆる行政領域を包括的に緩和できるわけではなく、当該自治体の所管事項の範囲に限定されるであろうことから、領域としてどこまでの震災緩和を規定するかという問題がありうる。より積極的な立場を取れば、国の省庁による緩和措置を先取りして包括的に緩和の方向性だけでも規定してしまうことも考えられるが、規定として明示しようとすると法律と条例の効力関係の問

column ⑥ 「箕面市災害時における特別対応に関する条例」と震災緩和

題が出てくるので、実際は規定することが難しいと思われる。

② 自治体が行う救助行為が国の基準を超えて行われた場合の費用の負担をどのように処理するかという震災事務管理の問題。

3 箕面市災害時における特別対応に関する条例

(1) 制定の趣旨

平成24年3月、箕面市では、「箕面市災害時における特別対応に関する条例」を制定した。

その趣旨は、「大規模災害時には、通常の手続きをしていては対応できない対策業務が多く発生」することから「これらを事前に洗い出し、また、優先し得ることを決めておく」ことにより、「市が全力で災害に対峙する」ためとされている[*3]。

この条例により、大規模災害時には、業務・施設等の一斉休止、契約・処分等の期限延長、市庁舎の仮移転などを速やかに行うことができるとされている[*4]。

(2) 条例の内容

ア　災害対策本部長である市長の特別対応の宣言（5条）

災害対策本部長（市長）は、通常業務の休止等の特別な対応を行う必要があると認めるときは、その旨を宣言し、宣言内容を公示するとともに、その他の手段で公表するものとする。

イ　安否確認（6条）

高齢者等の安否確認を特に必要とする住民について、名簿を平常時から準備し、大規模災害の際は、「地区防災委員会」の判断で名簿の封印を開けて、迅速に安否確認を開始するとしている（市ではこれを「黄色いハンカチ作戦」と呼んでいる。）。

ウ　個別の災害対応（災害対策本部長による特別対応の宣言の効果）

①通常事務の休止等（条例7条）

②公の施設の休館等（条例8条）

③公の施設等の使用許可の取消し等（条例9条）

④契約に係る義務履行の期限延長等（条例10条）

⑤処分等の期限延長等（条例11条）

⑥市の歳入の納付期限延長等（条例12条）

⑦手数料の還付（条例13条）

⑧附属機関への諮問の中止（条例14条）

⑨臨時事務所（条例15条）

⑩公示の方法（条例16条）

このように見ると、条例7条から

column ⑥ 「箕面市災害時における特別対応に関する条例」と震災緩和

16条までに規定された緩和措置については、市の権限の範囲で実施できる緩和措置であり、市の行政組織を災害対策に集中させるために効果を発揮すると思われる。前記2の論点①については、箕面市としてはあえて条例の効力の議論を生じさせることなく、法律による規制領域にまでは踏み込まず、市が所管している部分に限って、あらかじめ緩和を規定することで、実効性は確保できると判断したものと推測する。

エ　費用の支弁（条例17条2項）

箕面市条例において「市長は、災害救助法に基づく大阪府知事による救助が遅きに失すると認める場合は、自ら救助を行うことができる。この場合において、市長は、当該救助に要した費用の支弁を大阪府に求めるものとする（17条2項）。」と規定されている。

この規定については、震災事務管理論[*5]によれば、民法上の事務管理の適用ないし類推適用の場面であるということになる。

民法上の事務管理は、「他人の事務を管理する義務はない。しかし、ひとたび他人の事務の管理を始めた以上は、依頼された場合と同様に責任を持って事務にあたらなければならない。その代わり、その費用は償還される（民法697条〜702条）」というものである[*6]。

箕面市条例の17条2項は、基準外の救助行為を行った場合でも、救助費用について、災害救助法の実施主体である大阪府に費用の支弁を求めることにしており、この法的根拠を推測すると、箕面市による大阪府の事務管理を想定していると考えられる。

災害事務管理論の法律構成は、次のようなものとされる[*7]。

① 「基準外救助行為」（一般基準を超える場合のほかに、一般基準内であってもタイミングが都道府県より早い場合も当然含まれると理解すべきである[*8]）は人命や健康上重大な措置であり、行政上の不作為が問われるような状況であるから都道府県には「行政上の義務」た生じていたと解すべきである。

② この限りで「基準外救助行為」は民法上の事務管理にあたり、市町村は当該行為に要した費用を都道府県に請求できる。

箕面市条例は、このような災害事務管理論からみても、市町村に救助

column ⑥ 「箕面市災害時における特別対応に関する条例」と震災緩和

を躊躇させない工夫として有効であると考える。

（注1）鈴木庸夫　公法研究2014　「大規模災害と住民生活」　83頁
（注2）同　83頁
（注3）箕面市ホームページ　箕面市＞くらし＞防災＞災害時特別宣言条例　2013年9月17日更新
（注4）同ホームページ
（注5）鈴木庸夫　公法研究2014　「大規模災害と住民生活」　80頁
（注6）内田貴　民法Ⅱ債権各論　3版　554頁　平成23年2月
（注7）鈴木庸夫　前掲　公法研究　80頁〜81頁
（注8）上記（注5）の80頁以下には、一般基準を超えた救助が問題とされており、タイミングが都道府県の救助を見越して早く行われた場合については、言及されていない。しかし、救助自体はそれこそ生命・健康に関わる問題であり、都道府県の救助活動を待たずに市町村が一般基準内で活動する場合も当然に事務管理が成り立つと考える。

column ⑥ 「箕面市災害時における特別対応に関する条例」と震災緩和

チャート図　箕面市災害時における特別対応に関する条例（平成24年箕面市条例第1号）

```
┌─────────────────────────────┐       ┌─────────────────────────────┐
│ §1　目的                      │       │ §2　定義                     │
│ 災害対策本部長が優先実施を宣言し │←──────│　　1　災害                   │
│ →災害に対処する特別体制を整える │       │　　2　災害対策               │
└─────────────┬───────────────┘       │　　3　災害対策本部            │
              │                        │　　4　災害対策本部長          │
              ▼                        └─────────────────────────────┘
┌─────────────────────────────┐
│ 総則的規定                    │
│ §3　適用                     │
│ §4　災害対策事務の優先        │
│ §5　特別対応の宣言            │
└─────────────┬───────────────┘
              ▼
┌─────────────────────────────┐
│ §6　安否確認                  │
│ （いわゆる黄色いハンカチ作戦） │
└─────────────┬───────────────┘
              ▼
┌─────────────────────────────────────────┐
│ 特別対応の宣言の効果                       │
│ §7　通常事務の休止等                      │
│ §8　公の施設の休館等                      │
│ §9　公の施設等の使用許可の取消し等        │
│ §10　契約に係る義務履行の期限延長等       │
│ §11　処分等の期限延長等                   │
│ §12　市の歳入の納付期限延長等             │
│ §13　手数料等の還付                       │
│ §14　附属機関への諮問の中止               │
│ §15　臨時事務所                           │
│ §16　公示の方法                           │
└──────┬──────────────────────────┬───────┘
       ▼                           ▼
┌─────────────────────────┐   ┌──────────────────┐
│ §17　災害救助法の適用等  │   │ §18　委任         │
│                          │   │                    │
└─────────────────────────┘   └──────────────────┘

┌─────────────────────────────────────────┐
│ 附則                                       │
│ 施行日　公布の日                          │
└─────────────────────────────────────────┘
```

第6章　災　害

column ⑦　行政機関による代行に関する覚書～東日本大震災の対策立法を契機に

　東日本大震災で発生した未曾有の大規模な災害に対処するため、被災者の負担を軽減するための措置や、迅速な復旧・復興を図るための措置等の多くの特別措置が行われた。本稿は、その中の、東日本大震災による被害を受けた公共土木施設の災害復旧事業等に係る工事の国等による代行に関する法律（以下「震災復旧代行法」という。）や、東日本大震災により生じた災害廃棄物の処理に関する特別措置法（以下「災害廃棄物処理特措法」という。）で用いられた「代行」についての若干の覚書である。

　震災復旧代行法では、壊滅的な被害を受け、行政機能が麻痺し、早急な災害復旧事業の実施が求められているにもかかわらず災害復旧事業等に係る工事を十分に実施できない被災市町村が数多くあり、また、災害復旧事業等に係る工事の実施が極めて困難な状況になっている被災県がある状況において、一刻も早い災害復旧を実現するため、国又は県が被災地方公共団体に代わって災害復旧事業等に係る工事(注1)を行う制度が設けられた(注2)。また、災害廃棄物処理特措法では、運搬車両や作業人員の不足等により災害廃棄物の処理が遅れている被災市町村がある状況に鑑み、災害廃棄物の迅速かつ適切な処理を図るため、国が被災市町村に代わって災害廃棄物の処理を行う制度が設けられた(注3)。これらは、東日本大震災に限定した特別措置であったが、その後、災害に関する一般法に取り込まれ、災害復旧事業等に係る工事の代行は大規模災害からの復興に関する法律（以下「大規模災害復興法」という。）第43条から第52条までの規定に(注4)、災害廃棄物の処理の代行は災害対策基本法第86条の5に規定された。

　もっとも、代行は、災害対策に限った特殊な制度ではない。例えば、原則として都道府県が行う（砂防法第5条）砂防工事には、「他ノ都道府県ノ利益ヲ保全スル為必要ナルトキ、其ノ利害関係一ノ都道府県ニ止マラサルトキ、其ノ工事至難ナルトキ又ハ其ノ工費至大ナルトキ」における国の代行が規定されている（砂防法第6条第1項）(注5)。

　代行の要件として、災害復旧事業等に係る工事の代行では、被災地方公共団体の要請及び代行の必要性が規定されている（震災復旧代行法第3条第1項、大規模災害復興法第43条第1項等）。災害廃棄物処理特措法でも同様の要件が規定されているが（第4条第1項）、災

column ⑦　行政機関による代行に関する覚書～東日本大震災の対策立法を契機に

害対策基本法では、これらに加えて、国の状況に関する要件（「事務の遂行に支障のない範囲内で」）が規定されている（第86条の5第9項）(注6)。

このほか、災害復旧事業等に係る工事の代行では、工事の円滑な施行や行政の統一性の確保といった観点から、土地の立入権限や占用許可等の権限の代行行政機関による代行について規定されている（震災復旧代行法第3条第3項、震災復旧代行法施行令第2条第2項第1号及び第5号、大規模災害復興法第43条第3項、大規模災害復興法施行令第11条第2項第1号及び第5号等）(注7)。

費用負担については、災害復旧事業等に係る工事の代行では、代行の趣旨が被災地方公共団体の行政機能の低下を補完し事務負担の軽減を図る点にあることから、被災地方公共団体が自ら施行した場合と同等の負担関係としている。例えば、国が代行するときは、被災地方公共団体は、その工事に要する費用の額から、自ら施行した場合に国が交付すべき補助金等に相当する額を除いた額を負担する（震災復旧代行法第3条第5項、大規模災害復興法第43条第5項等）。なお、被災地方公共団体の負担を軽減するため、激甚災害に対処するための特別の財政援助等に関する法律によって、災害復旧事業等に係る国の負担割合のかさ上げ等の措置が設けられている。

また、災害廃棄物の処理の代行においても、被災市町村は、その災害廃棄物の処理の費用の額から、自ら災害廃棄物の処理をした場合に国が交付すべき補助金に相当する額を除いた額を負担する（災害廃棄物処理特措法第5条第1項、災害対策基本法第86条の5第12項）。これは、廃棄物の処理は市町村の自治事務であり、被災市町村の負担は残すべきという考え方に基づくものと考えられる(注8)。もっとも、この被災市町村の負担につき、災害廃棄物処理特措法では、必要な財政上の措置（具体的には、地方交付税措置）を講ずるものと規定したほか（第5条第2項）、いわゆるグリーンニューディール基金の活用による負担の軽減が図られた（第5条第3項）。この点、災害対策基本法では、災害廃棄物の処理の代行の際の被災市町村の負担につき、必要な財政上の措置を講ずるよう「努める」と規定されている（第86条の5第13項）。

第6章 災害

column ⑦ 行政機関による代行に関する覚書〜東日本大震災の対策立法を契機に

(注1) 震災復旧代行法では漁港工事、砂防工事、港湾工事、道路工事、海岸工事、地すべり防止工事、下水道工事、河川工事及び急傾斜地崩壊防止工事が、大規模災害復興法ではこれらの工事及び空港工事が対象とされている。

(注2) 遠藤健人「東日本大震災による被災地の公共土木施設の災害復旧事業等に係る工事を、国又は県が被災地方公共団体に代わって施行する措置を規定」時の法令1894号（平成23）31頁

(注3) 第177回国会衆議院東日本大震災復興特別委員会議録第19号（平成23年8月9日）1頁［黄川田徹委員長提案理由説明］

(注4) 大規模災害復興法に基づく代行は、平成28年熊本地震の際に初めて行われた（国土交通省「県道「熊本高森線」と南阿蘇村道「栃の木〜立野線」の災害復旧を国が代行〜大規模災害復興法を施行後初めて適用します〜」、http://www.mlit.go.jp/common/001131299.pdf （平成28年6月12日））。

(注5) 遠藤・前掲注(2)35頁。なお、砂防工事には、砂防設備の新設、改良及び保全の工事のほか災害復旧工事も含まれるとされるが（建設省河川研究会『砂防法』127頁（港出版合作社、昭和34））、大規模災害復興法では、円滑かつ迅速な復興を図る観点から、この要件に該当しない場合の代行につき規定された（立岩里生太「大規模災害復興法の制定」時の法令1940号（平成25）39頁）。

(注6) 山田智子「災害廃棄物対策の強化・推進に向けて」時の法令1989号（平成27）36頁。なお、この要件は、災害廃棄物処理特措法の立案過程では削除されたものである（近藤怜「東日本大震災により生じたがれき処理の特別措置について」時の法令1897号（平成24）49頁、53頁）

(注7) 立岩・前掲注(5)40頁

(注8) 近藤・前掲注(6)54頁

第7章　行政と住民

1　国や地方自治体による補助金制度—給付による行政目的の遂行

■補助金の交付決定の性格

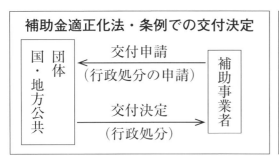

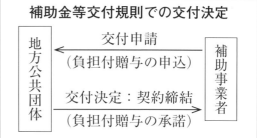

前提となる基礎知識

1 「補助金」の目的と性格

補助金とは、国や地方公共団体が公益上必要がある場合に直接・間接に交付する金銭的給付である。

(1) 国や地方公共団体が「望ましい」方向へ向かわせるための補助金—誘導手法としての補助金

国や地方自治体は、何らかの行政目的を達成するために、自ら多岐にわたる事業を行っている。たとえば国道や県道の整備は、国や都道府県が「道路交通網の整備」という行政目的を達成するために事業者に工事発注を行い、税金により自ら道路を建設している。

一方で、国や地方公共団体が補助金を交付することで、行政目的を達成する方向へ誘導する場合がある。

（例1）学校施設の耐震性を高めるため、公立学校を所管する地方公共団体や私立学校の設置者に、国が学校施設の耐震診断や耐震補強工事にかかる費用の一部を補助する。

第7章　行政と住民

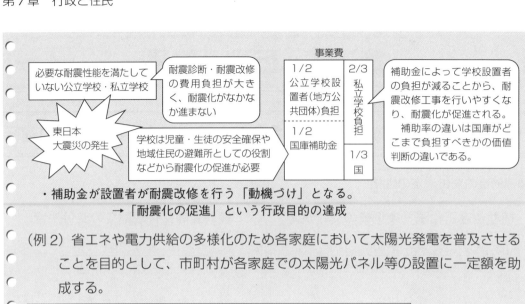

・補助金が設置者が耐震改修を行う「動機づけ」となる。
　　→「耐震化の促進」という行政目的の達成

（例2）省エネや電力供給の多様化のため各家庭において太陽光発電を普及させることを目的として、市町村が各家庭での太陽光パネル等の設置に一定額を助成する。

```
○○市広報紙の掲載記事
　　　　太陽光発電設備設置費用の一部を補助

　市では、再生可能エネルギーの導入を促進するため、太陽光発電設備
を住宅に設置する方に、費用の一部を補助します。

◆申込要件　次の要件をすべて満たす方
　(1) 市税の滞納がない方
　(2) 市内の自己居住用住宅または居住を予定している住宅であること
　(3) 補助金の交付決定通知を受けてから設置工事に着手するととも
　　 に、来年3月○日までに実績報告書を提出できること（建売住宅の
　　 場合は、お問い合わせください）
　(4) 自ら電力会社と電力受給契約を結ぶ個人（太陽光発電設備のみ）
◆申込期間：住宅（賃貸を除く）　5月○日～○日
　　　　　　管理組合による共同住宅への設置　7月○日～○日
◆補助額　：出力1キロワット当たり3万円（上限9万円）
◆募集件数：住宅（賃貸を除く）200件
　　　　　　管理組合による共同住宅への設置　1件
＊いずれも多数の場合抽選（共同住宅は申し込みがない場合、9月末ま
　で先着順）
＊いずれも、市内業者を利用し設置した場合は、補助額が上乗せされます。
　　国の助成制度と併用が可能です。詳しくはお問い合わせください。
◆申込・問合せ先　　○○市環境・・推進課　TEL ＊＊＊－＊＊＊＊
```

（吹き出し）広報を行うことで、補助事業とともに市の再生エネルギーに対する方針を市民に周知できる。
同時に国の補助事業を周知することにもつながる。

(例3) 新たなビジネスモデルで食品系廃棄物のリサイクルを進めることを目的として、飲食店や食品加工工場等で生じる廃棄物から家畜の飼料等を作る工場や物流システムを整備する企業に補助金を交付する。

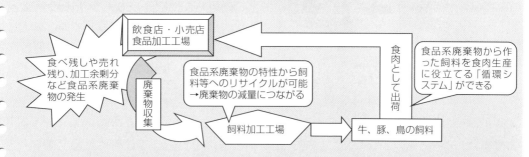

・循環システムの構築のためのハード（工場建設等）への補助金及び循環システムを回すためのソフト（食品系廃棄物や飼料の納入先の確保、その間の維持経費等）への補助金が新たなビジネスモデルへの新規参入の動機づけとなる。
　→「廃棄物のリサイクル促進」という行政目的の達成

(2) 規制の影響を緩和するための補助金

行政が、新たな規制を行うにあたって、規制対象者がその規制を遵守するために新たな費用が必要となる場合、急激な規制の影響を緩和するために補助金制度を利用する。

(例) 大気汚染防止のためのディーゼル車規制

ディーゼル車の規制が大気汚染防止に必要かつ効果的である一方で、ディーゼル車の多いトラック等運送業者に大きな影響を与えることから、車に装着すれば規制をクリアできる「粒子状物質減少装置」の装着に、一定の補助金を交付。

(3) 国による災害復旧事業補助

自然災害は地域的、時間的に偏って発生するため予測や準備は困難である。また、被災した施設等の復旧（災害復旧事業）を被災地方公共団体や被災事業者等の責務で行うことは困難であり、迅速な復旧が不可能となることから、法令により国が一定の支援を行うことになっている（例：公共土木施設災害復旧事業費国庫負担法、激甚災害に対処するための特別の財政援助等に関する法律）。

災害復旧事業は、国の承認等を待たず、被災直後から実施することができること、その対象は被災した施設等の機能・効用を原形復旧させる費用であり、「原状回復」ではないことなどが特徴である。

第7章　行政と住民

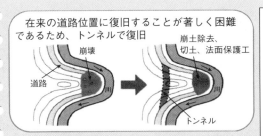

在来の道路位置に復旧することが著しく困難であるため、トンネルで復旧

液状化でグラウンドが80センチ地盤沈下
×原状回復：グラウンド全面に80センチ土を入れ、元のレベルに戻す。
○効用の原形復旧：80センチの段差部分に階段を設置して通行を可能にし、グラウンドを整備して使用を可能にする。

　補助金は、補助を受ける者（補助事業者）が行う事業へ補助を行うものであり、当該事業は補助事業者が主体となり、責任を持って行うものである。国や地方公共団体が自らの事務事業等について、事業者に金銭を支払って執行させる『委託』とは異なる。

② 「補助金」の根拠法令

(1) 国庫補助金の根拠

　国の補助金の支出について明確な根拠を定めた法令はない。補助金を交付する手続等については、補助金等に係る予算の執行の適正化に関する法律（以下「補助金適正化法」という。）で定められている。

○補助金等に係る予算の執行の適正化に関する法律
　（この法律の目的）
　第1条　この法律は、補助金等の交付の申請、決定等に関する事項その他補助金等に係る予算の執行に関する基本的事項を規定することにより、補助金等の交付の不正な申請及び補助金等の不正な使用の防止その他補助金等に係る予算の執行並びに補助金等の交付の決定の適正化を図ることを目的とする。

(2) 地方公共団体の補助金の根拠

　地方公共団体の補助金の支出については、地方自治法232条の2に根拠が定められている。また、補助金交付の手続等については、多くの地方公共団体が補助金適正化法と同様の内容を「補助金等交付規則」で定めている。

○地方自治法
　（寄附又は補助）
　第232条の2　普通地方公共団体は、その公益上必要がある場合においては、寄附又は補助をすることができる。

1 補助金交付の制度概要

(1) 補助金交付の形態－直接補助金と間接補助金

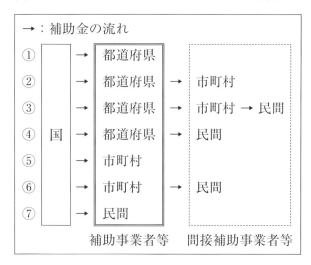

補助金は国や地方公共団体が補助事業を行う者（補助事業者）に交付するものであるが、国の補助金の多くは国が直接補助事業者に交付するのではなく、②③④のように都道府県や市町村を経由する場合が多い。たとえば民間事業者が地場産業振興の補助事業を行う場合、国が事業費の３分の１を補助金として県に交付し、県がさらに事業費の４分の１を上乗せして市に交付し、市が６分の１を上乗せし、合計で事業費の４分の３を事業者に交付、残り４分の１を事業者が自己負担する仕組みである（上乗せしない場合もある。）。

補助金を直接交付する相手を補助事業者等、その補助金がさらに次へ交付された場合、そこから先の相手を全て間接補助事業者という。

(2) 補助金交付の手続

補助金交付の具体的な手続は補助金適正化法に規定されている。補助金における法律上定められた手続の起点は交付申請である（補助金適正化法５条）。

しかし、補助金は、国や地方公共団体が補助事業者に対して補助金を交付する＝支出するものであるため、その支出は予算執行であり、支出予算が計上されていなければ交付することができない。この予算を確保するため、当該年度の補助金申請の規模について、予算編成の前に把握する必要がある。

つまり、補助金適正化法に定める手続の起点（交付申請）に先行して、事業計画の照会・報告や内示といった事実上の補助金交付の手続が行われている。

例：国庫補助金の一般的な補助金交付手続　※条文は補助金適正化法の根拠条項

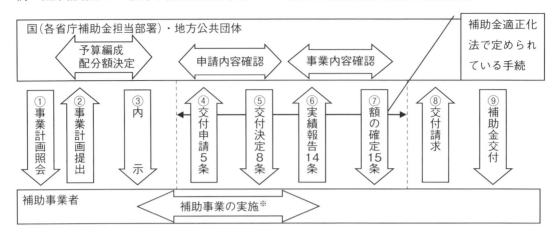

① 国が前年度（または年度当初）に補助事業の対象者（地方公共団体や民間事業者）に補助金申請の予定や規模を照会する。

② 補助対象事業を行う意思がある場合、国が指定した様式や書類を国へ提出する。

③ 補助事業者からの事業費等を取りまとめ、予算編成を行う。その結果確保した予算、または前年度実績等で編成した予算と事業費の申請状況を勘案し、各補助事業者への交付予定額を通知する。

④ ③で内示された額に従って補助金の交付申請を行う。

⑤ ④の申請内容について②の事業計画通りであるか等確認し、交付決定を行う。国庫補助金の交付決定は補助金適正化法を根拠法令とするため行政処分とされ、交付決定通知には不服申立ての教示が付される（補助金適正化法25条）。

　交付決定通知では、補助事業の執行について遵守させるべき事項を条件として付している。

⑥ 補助事業終了後、補助事業が終了したことを報告する。補助事業は補助金交付年度に完了することが原則であるため、実績報告は補助事業完了後1か月以内か4月10日までのいずれか早い日までに行うことが通例である。

⑦ 実績報告の内容を審査し、事業が交付申請通りに行われていることを確認し、額の確定を行う。

⑧⑨ ⑦の額の確定によって補助金を請求することが可能となり、請求書を提出し、補助金が交付される。

> **補助事業の実施**　内示は事実行為であり、交付決定をもって初めて補助金の具体的請求権が確定するとされている。しかし年度当初に交付申請を行ったとしても、実際の事務手続において交付決定はすぐに出されるものではない。補助事業は単年度で終了することが原則であるため、交付決定を待っての事業着手では、年度内に終了しない場合がある。このため、補助金の多くは内示段階での事業着手を認めていたり、「内示前発注の承認申請」を承認することにより、早期の事業着手を可能にしている。ただし、いずれの場合も事業着手の承認が補助金交付を確約するものでないことは言うまでもない。

(3) 補助対象となる事業の内容——補助金交付要綱

補助金交付の手続は補助金適正化法に定めがあるが、補助金の交付対象となる事業の内容や、補助対象額の算定方法、補助率、申請に必要な書類や様式、提出期限など、個々の補助金に関する実質的な内容は法令には定めがない。

これらは、各省庁や地方公共団体が定める補助金交付要綱、さらに細かい内容が定められる取扱要領などで規定されている。

> **補助金交付要綱等で定められる内容の例**　補助金の目的／根拠となる法令・要綱／補助対象となる事業、内容、補助率／（変更）交付申請、状況報告、実績報告、交付請求の様式、提出すべき添付資料／書類の提出先・提出部数／書類記載・作成上の留意事項／書類の提出期限／関係書類の保存期間／補助対象事業費の算定方法／補助対象事業費の下限・補助金の上限／補助事業遂行における善管注意義務／等

2　国庫補助金と地方自治体の補助金の相違

(1) 国庫補助金の交付決定

1(2)⑤で記述した通り、補助金適正化法による国の交付決定は、行政処分とされ、不服申立ても制度として規定されている（補助金適正化法25条）。

補助事業者が交付決定後、補助金を他の目的に使用したり、法令や交付決定に付した条件に違反したようなときには交付決定を取り消すことができ（補助金適正化法17条1項）、取消しを行い、既に交付している補助金がある場合にはその返還を命じなければならない（補助金適正化法18条）。

この返還命令も行政処分であり、加算金・延滞金が付される（補助金適正化法19条）ほか、その徴収は国税滞納処分の例によるとされているため（補助金適正化法21条）、国は補助事業者に対し自ら強制徴収を行うことができる。

(2) 国庫補助金に関する裁判例

判例1 東京高判昭和55・7・28（摂津訴訟）

【事実】
○ 大阪府摂津市が、市内4か所に保育所を設置し、保育所設置費用として総額約9,300万円を支出
○ 厚生大臣が交付決定をして摂津市に交付した金額は、4か所の保育所のうち2か所のみについての250万円
○ 児童福祉法関係法令等では国は保育所設置費の2分の1を負担することが明記されていたため、摂津市は保育所設置費に係る同市の超過負担分について請求権があるとして国に支払を請求し提訴

【争点】
① 個別法で定められた国と地方の負担割合は直接負担義務・請求権を生じるか。
② 補助金適正化法による交付決定の法的性質は行政処分か。

【判旨】
① 個別法に定める地方自治体の請求権
　　法律で負担割合が定まっている場合であっても、具体的な補助金請求権が発生するためには、対象事業・費用範囲・金額等を具体的に確定するための手続（＝交付決定）が必要
② 適正化法による交付決定の法的性質
　　交付決定は形成的効果の行政処分であることから、それに対する抗告訴訟以外の訴訟で直接に国に対して支払を訴求することは許されない。

【論点解説】
交付決定の法的性質
　国の負担金は交付決定によってはじめて具体的な請求権が発生する。交付決定は形成的・処分的性格を有し、その内容について不服がある場合には、処分に対し裁判で争うことができるのである。

(3) 地方公共団体の補助金の交付決定

　地方公共団体が交付する補助金は、交付決定等を含む手続については補助金交付規則で定められ、補助事業の詳細等については地方公共団体が各補助金ごとに補助金交付要綱等を定めることが一般的であり、国庫補助金と構造は同じである。しかし、補助金交付規則による交付決定は負担付贈与契約の締結という私法契約とさ

れ、その取消しも負担付贈与契約の解除に過ぎないのであって、補助事業者が返還命令に従わない場合、その請求は民事訴訟によって行うことになる。

ただし、補助金の交付について条例で適正化法同様の公法的規律を行っている地方公共団体の補助金については、国の補助金と同様行政処分として取り扱うことになる。

(4) 地方公共団体に関する裁判例

判例2 東京地判昭和56・6・26（東京都三角バケツ住民訴訟）

【事実】
- 東京都が地域消火のため各区・市町村が三角バケツを各家庭に配布する事業の財源として各区・市町村へ交付金を交付
- 住民が当該交付金の交付が違法な行政処分に当たるとして自治法242条の2第1項2号による「行政処分の取消し」を求めて提訴

【争点】
地方公共団体の補助金交付規則及び補助金交付要綱に基づく補助金交付決定は行政処分か。

【判旨】
① 地方公共団体の補助金交付決定の処分性

本件補助金交付要綱及び東京都補助金等交付規則はいずれも東京都の事務執行上の内部的定めにすぎず、相手方を法的に拘束するものではないから、この定めによって知事の行う補助金の交付決定を行政処分と解することはできない。

② 負担付贈与契約

交付申請に対する知事の決定は、両者間の公法上の権利義務関係を優越的立場において一方的に規律するという性格のものではなく、単なる給付の申込みに対する承諾・不承諾の意思表示にとどまるので、実質的にも、形式的にも行政処分性を有しない。

【論点解説】

地方公共団体の交付決定の法的性質

地方公共団体の補助金交付規則、補助金交付要綱は各地方公共団体の内部的な定めに過ぎず、それをもって補助事業者を法的に拘束することはできない。地方公共団体の交付決定に処分性はなく、補助事業者は国の補助金の関係と異なり法的には負担付贈与契約を締結した対等な契約者である。この「負担」が補助金の目的・性

格を体現するのであり、交付決定において契約内容である負担（条件：規則、要綱の遵守、補助申請内容の履行等）及び当該負担を行わなかった場合の交付決定の取消＝契約解除について提示することにより、補助金のスキームを維持することになるのである。

3 補助金交付の条件

(1) 交付決定に付する条件

補助金の交付決定には当該補助金の遂行に必要な、補助事業者に遵守させるべき事項を条件として付すことができる。地方公共団体の補助金においても、交付決定に条件を付し、負担付贈与契約の内容の一部となる。交付決定に付すことができる条件は補助金適正化法7条で規定されている。

(2) 間接補助事業者への交付決定の条件

交付決定には条件を付することができる。しかし、この条件に拘束されるのは直接交付決定を受けた補助事業者だけであるため、間接補助事業の場合、補助事業者が間接補助事業者へ交付決定を行う際に、「条件を付す」という条件を付すことで、実際に補助事業を行う事業者に対しても国の補助金行政のスキーム（条件A）が貫徹されることになっている。

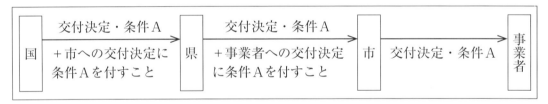

この図で県が条件Aに違反した場合、国は交付決定を取り消すことができる（補助金適正化法17条1項）が、事業者が条件Aに違反しても取り消すことはできない。しかし、国は事業者の条件違反によって県への交付決定を取り消す条件をAに含め、事業者の法令違反と同様の効果を（同条2項）生じさせている場合がある。

2　行政手続制度の仕組み

■行政処分（申請に対する処分・不利益処分）の事前手続

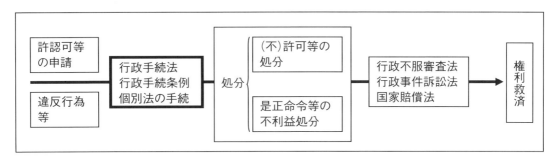

出典：千葉県政策法務ニュースレター「2010年冬・特別号（出石稔教授による講習会）」1頁の図を基に作成
　　http://www.pref.chiba.lg.jp/seihou/gyoukaku/newsletter/documents/letter-fuyu.pdf

前提となる基礎知識

　国民は、日常的、ときに非日常的に、行政と関わっている。行政活動は多種多様であり、行政契約や行政計画なども重要であるが、行政手続法に規定する「処分」（行政庁の処分その他公権力の行使に当たる行為）や「届出」（行政庁に対し一定の事項の通知をする行為であって、法令により直接に当該通知が義務付けられているもの）のみに着目しても、行政とまったく関わりを持たない国民は存在しないといっても過言でない。

　例えば、一般に、出生届、住所変更に伴う転入届、婚姻届（ときに離婚届）、運転免許、建築確認、介護認定、埋葬許可などがある。また、クリーニング師、医師、弁護士、建築士などになるには、行政から免許を得る必要がある。特定の事業活動を行うには、例えば食品営業許可、産廃施設設置許可、林地開発許可、薬局開設許可などが必要となる。

　これらのうち許可、認可、免許などの許認可等は、行政の判断によって認められないことがある。加えて、一定の要件に該当した場合、停止命令や措置命令などといった監督処分をされたり、さらには一旦与えられた許認可等を取り消されたりすることもある。

　このように行政は、多くの場面で、国民の権利・義務を一方的・強制的に形成する権限を有しているところ、行政の側が国民よりも専門的知識や情報量が圧倒的に優位に立っていることが一般である。そうすると、行政の恣意・独断による判断は、

国民にとって脅威となる。そこで、国民の権利利益の保護に資するため、行政運営における公正の確保と透明性の向上を図る観点から、事前の段階で一定の手続の必要性が認められることになるのである（冒頭の図）。

行政手続法（⇒チャート図147ページ）及び行政手続条例、場合によっては個別法に事前の手続のルールが定められているが、ここでは、「処分」（許認可等の「申請に対する処分」や是正命令、許可取消し等の「不利益処分」）に関する事前手続のルールを取り上げる。

行政運営における公正の確保と透明性の向上を図るための主な事前手続

行政運営における公正の確保と透明性の向上を図るため、行政手続法や行政手続条例は、行政に様々な事前手続を踏むことを義務付けている。

ここでは、①行政に策定・公表が義務付けられている審査基準（許認可等をするかどうかの判断基準）、②不許可等の処分や是正命令等の不利益処分をする場合に行政に義務付けられている理由の提示、③是正命令等の不利益処分をしようとする場合に行政に義務付けられている意見陳述手続について、適宜事例を紹介して解説する。

1 **審査基準**

先に述べたとおり、国民は様々な場面で、行政から許認可等を得なければ行動できない。行政は法律や条例に規定された要件を具備するか判断し、許認可等の決定をする。しかし、法律や条例の規定は一般的に抽象的であり、申請をする国民の側からみると、行政の恣意・独断による判断をされるおそれがあり、きわめて不透明である。

そこで、行政手続法は、行政に、審査基準を策定し、これを公にしておくことを義務付けた（行政手続法5条。なお、条例根拠の許認可等については、各自治体の行政手続条例の同様の規定が存在する。）。法令に規定されている許認可等の要件を具体化することを求めたのである。

例えば、森林法では、一定規模以上の森林の開発をするに当たっては、行政の許可を得ることとなっている。しかし、森林法に定められている許可の要件は抽象的であるため、開発を行おうとする者にとっては不透明である。そこで、行政は、より具体的な基準を定めて、これを公にしている。

> **森林法【抜粋】**
> 第10条の2　地域森林計画の対象となつている民有林〔略〕において開発行為〔略〕をしようとする者は、〔略〕都道府県知事の許可を受けなければならない。ただし、〔略〕。

2　都道府県知事は、前項の許可の申請があつた場合において、次の各号のいずれにも該当しないと認めるときは、これを許可しなければならない。
　一　<u>当該開発行為をする森林の現に有する土地に関する災害の防止の機能からみて、当該開発行為により当該森林の周辺の地域において土砂の流出又は崩壊その他の災害を発生させるおそれがあること。</u>
　一の二　〔略〕水害を発生させるおそれがあること。
　二　〔略〕水の確保に著しい支障を及ぼすおそれがあること。
　三　〔略〕環境を著しく悪化させるおそれがあること。
3　前項各号の規定の適用につき同項各号に規定する森林の機能を判断するに当たつては、森林の保続培養及び森林生産力の増進に留意しなければならない。
4～6〔略〕

千葉県林地開発許可審査基準【抜粋】
第2　災害の防止（法第10条の2第2項第1号関係事項）
1　土砂の移動量に関する基準〔略〕
2　切土及び盛土に関する基準
　(1)　切土に関する基準〔略〕
　(2)　盛土に関する基準
　　次のアからキまでに掲げる事項のすべてに該当するものであること。
　　ア　盛土の施工は、施工前の地盤の段切りをするなど適切な処理をし、一層当たりの敷均し厚を30～50センチメートルで水平に敷均して順次盛り上げ、十分締め固めが行われるものであること。
　　イ　のり面のこう配は、盛土材料、盛土高（のり肩とのり尻の高低差をいう。）、地形、気象及び近傍にある既往ののり面の状態等を勘案して、次の(ア)及び(イ)に掲げる基準に沿って現地に適合した安全なものであること。
　　　(ア)　盛土ののり面こう配は、30度以下であること。
　　　(イ)〔略〕
　　ウ～キ〔略〕
3　擁壁の設置、その他のり面崩壊防止の措置に関する基準〔略〕
4　切土及び盛土ののり面の保護に関する基準〔略〕
5　えん堤の設置等に関する基準〔略〕
6　雨水等の排水施設に関する基準〔略〕
7　調節池、浸透池及び沈殿池の設置に関する基準〔略〕
8　飛砂及び落石等の災害対策に関する基準〔略〕
出典：千葉県HP　http://www.pref.chiba.lg.jp/shinrin/rinchikaihatsu/documents/sinsakijyun.pdf

2 理由の提示

　許認可等の申請の拒否処分や是正命令等の不利益処分などは、一定の行為を行うことが許されなかったり、一定の行為を行わなければ罰則の適用を受ける可能性もあったりするなど、国民にとってのインパクトが大きい。

　そこで、行政手続法は、許認可等の申請の拒否処分や是正命令等の不利益処分などをする際に、行政に、相手方たる国民に理由を提示することを義務付けた（行政手続法8条・14条。なお、条例根拠の処分については、各自治体の行政手続条例の同様の規定が存在する。）。行政に説明責任を果たさせることにより恣意・独断による判断を排除するとともに、国民が行政の判断に対する不服を争いやすくするためである。

　なお、理由は、単に根拠条項を示すのみでは足りず、どういった事実関係に即して根拠法令のどの条項に抵触して申請の拒否処分あるいは不利益処分の判断に至ったのかを具体的に示すことが求められている（図1）。

図1　処分書に記載される理由の提示のイメージ

〔悪い例〕＜＜＜＜＜＜＜＜＜＜＜＜＜＜＜＜＜＜＜＜＜＜＜＜＜＜＜＜＜＜＜＜〔良い例〕

| 〔最悪〕
理由の
提示なし | 〔悪い〕
根拠条項
のみ提示 | 〔良くない〕
事実関係と根拠条項
を提示（→相手方がな
ぜそのような処分をさ
れるか了知できない） | 〔良い〕
事実関係と根拠条項に加えて、
審査基準あるいは処分基準の
適用関係を示すなど、相手方が
なぜそのような処分をされるか
了知できる程度の理由を提示 |

3 意見陳述手続

　各種免許の停止や取消しをされると一定の行為が行えないこととなり、また、営業の停止命令や取消しなどは事業活動の死活問題となりかねない。措置命令や是正命令などによって一定の行為を義務付けられると、多大な資金を要することもある。このように、とりわけ行政による不利益処分の発動は、国民にとっては大打撃となる。

　そこで、行政手続法は、不利益処分をしようとする場合は、行政に、相手方たる国民に意見陳述の機会を与えることを義務付けた（行政手続法13条・15条以下。なお、条例根拠の処分については、各自治体の行政手続条例の同様の規定が存在する。）。

　なお、不利益処分による相手方への侵害の程度に応じて、意見陳述手続は、「聴聞」（口頭による意見陳述権などが認められた、より丁寧な意見陳述手続）と「弁明の機会の付与」（原則として文書による弁明の機会が付与される、より簡易な意見陳

述手続）とに振り分けられる（図2）。

図2　意見陳述手続の振り分けイメージ

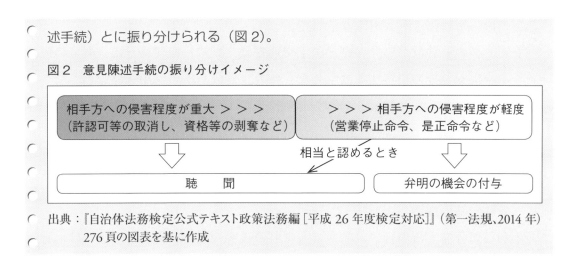

出典：『自治体法務検定公式テキスト政策法務編［平成26年度検定対応］』（第一法規、2014年）276頁の図表を基に作成

チャート図　行政手続法（平成5年法律第88号）

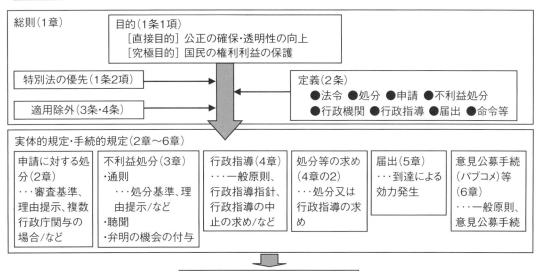

出典：『自治体法務検定公式テキスト政策法務編［平成26年度検定対応］』（第一法規、2014年）270頁の図表を基に作成

行政手続に関する裁判例 ～ 理由の提示関係

判例　最判平成23・6・7（一級建築士免許取消処分等取消請求事件）

【事実】

○　一級建築士（上告人）が、複数の建築物の設計者として、建築基準法令に定める構造基準に適合しない設計を行い、それにより耐震性等の不足する構造上危険な建築物を現出させ、また、構造計算書に偽装が見られる不適切な設計を行った。

○　国土交通大臣は、建築士法10条1項(注)に定める懲戒処分として、当該一級

建築士の一級建築士免許を取り消した。
○ なお、この免許取消処分の際、国土交通省は、当該一級建築士に、処分の原因となる事実や処分の根拠法条は示したものの、処分基準の適用関係を示さなかった。

【争点】
不利益処分をする場合に、名あて人にどの程度の理由を提示すべきか。

【判旨】
① 一般的規範の提示（大前提）
　不利益処分をする場合に、名あて人にどの程度の理由を提示すべきかは、行政手続法14条1項本文の趣旨に照らし、以下の事由等を総合考慮して決定すべきである。
・不利益処分の根拠法令の規定内容
・処分基準の存否・内容やその公表の有無
・不利益処分の性質・内容
・不利益処分の原因となる事実関係の内容

② あてはめ（小前提）
　本件取消処分は、その処分の理由として、処分の原因となる事実と処分の根拠法条を示すのみで、懲戒処分基準の適用関係が全く示されていない。
　よって、複雑な処分基準の下では、名あて人において、いかなる理由に基づいてどのような処分基準の適用によって本件取消処分が選択されたのかを知ることができない。

③ 結論
　行政手続法14条1項本文の要求する理由提示として十分でないため、違法な処分であり、取消しを免れない。

【田原裁判官の補足意見　要約】
処分基準の設定・公表が努力義務であるのに、なぜ適用関係を理由中に表示しなければならないのか。
那須裁判官はその反対意見において、行政手続法12条1項は、行政庁に処分基準を設定し公表する努力義務を課したに過ぎないから、行政庁が、適用関係を理由中に表示する必要はないと判断して、これを前提とした処分基準を設定することもその裁量権の範囲内に含まれると解する余地もあるとし、そう解することが現実に

対応した柔軟な処理を可能にすることになると主張する。

しかし、一旦、不利益処分は自らが定めた処分基準に従って行うことを宣明しながら、その基準に拠ることなく現実に対応した柔軟な処理をすることもできると解することは、行政手続の透明性に背馳し、行政手続法の立法趣旨に相反する。

【論点の解説】

本件において、一級建築士の免許取消処分は、行政手続法14条1項本文の要求する理由を十分に提示していなかったため、違法の判断が下された。

そもそも、行政手続法14条1項本文の趣旨は、①行政庁の判断の慎重と合理性を担保してその恣意を抑制すること、②処分の理由を名あて人に知らせ不服の申立てに便宜を与えることである。

そうすると、そのような機能を発揮するに足りるだけの理由が提示される必要があり、名あて人が、自分がどういう理由で不利益処分を受けたのかを、その理由を見て具体的に理解し得るようなものでないと、そのことをもって本体の処分が裁判所で違法と判断されて取り消される可能性がある。

ここでは、まず、不利益処分をする場合にどの程度の理由を提示すべきかについて、最高裁が示した考え方を踏まえて解説する。次に、行政手続法上、同じく理由の提示が求められている不許可等の処分についての留意点を述べる。

① 理由の提示の程度

最高裁は、不利益処分をする場合に、名あて人にどの程度の理由を提示すべきかは、行政手続法14条1項本文の趣旨に照らし、以下の事由等を総合考慮して決定すべきとした。

・不利益処分の根拠法令の規定内容
・処分基準の存否・内容やその公表の有無
・不利益処分の性質・内容
・不利益処分の原因となる事実関係の内容

名あて人が、自分がどういう理由で不利益処分を受けたのかを、その理由を見て具体的に理解し得るようなものであるか否かが重要であり、一般論としての判示であるため一概には言えないが、行政庁においては、公にしている処分基準の適用関係を示すことが求められることとなった。

② 申請に対する処分への影響（審査基準の策定義務と処分基準の策定努力）

行政手続法は、不利益処分をする場合と同様に、許認可等を拒否する処分をする

場合にも、理由の提示を行政庁に求めている（行政手続法8条）。そして、その理由の提示の意義は、不利益処分をする場合の理由の提示の意義と同様である。

そうすると、許認可等を拒否する処分をする場合の理由の提示にも、基本的に本件の最高裁の考え方があてはまるものと考えられる。すなわち、審査基準（許認可等をするかどうかの判断基準）の適用関係を示さずに不許可等の処分をすると、裁判所に違法の判断を下される可能性があることとなろう。

【参考文献】 宇賀克也『行政手続法の解説 第5次改訂版』（2005年、学陽書房）
自治体法務検定委員会・編『自治体法務検定公式テキスト 政策法務編』（2014年、第一法規）
判タ1352号123頁

【行政手続制度関連の他の立法例（個別法優先の例）】
高圧ガス保安法（昭和26年法律第204号）
（聴聞の特例）
第76条　行政庁は、第38条、第53条又は第58条の30〔略〕の規定による命令をしようとするときは、行政手続法（平成5年法律第88号）第13条第1項の規定による意見陳述のための手続の区分にかかわらず、聴聞を行わなければならない。
2・3　略

【注】 建築士法（昭和25年法律第202号）【平成18年法律第92号による改正前の条文】
第10条①　一級建築士〔略〕が次の各号の一に該当する場合においては、免許を与えた国土交通大臣〔略〕は、戒告を与え、1年以内の期間を定めて業務の停止を命じ、又は免許を取り消すことができる。
一　〔略〕
二　この法律若しくは建築物の建築に関する他の法律又はこれらに基づく命令若しくは条例の規定に違反したとき。
三　業務に関して不誠実な行為をしたとき。

3　行政への不服申立制度の仕組み

■行政への不服申立てのフロー

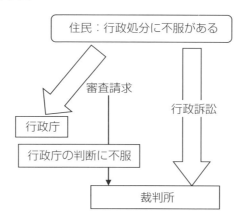

前提となる基礎知識

　国や地方公共団体は、多くの分野において住民の生活に関わっている。その関わり方も多種多様であるが、国や地方公共団体が法律や条例に基づいて行政としての権限を行使し、住民の権利義務に直接影響を与える行為―行政処分―を行うことがある。行政処分には申請した住民に何らかの「権利」を付与するものとして、飲食店の営業許可、介護保険の要介護認定、産業廃棄物処理施設の設置許可、文化会館等公の施設の使用許可のようなものもある。また、申請を認めない「不許可」も行政処分である。さらに飲食店の営業許可の取消しや運転免許の取消しのように権利をはく奪するものなどがある一方、課税処分、違反建築物の除却命令のように、一方的に義務を課すものもある。

　このような行政処分が違法や不当であるとして不服があるとき、住民がその是正や救済を求める制度として、行政不服審査法による審査請求、行政事件訴訟法による行政訴訟（当事者訴訟を除く。）が定められており、その対象や手続が定められている。

　行政不服審査法は、平成26年6月、制定以来50年ぶりに抜本改正され、平成28年4月1日に施行された。施行日以降の処分に対する審査請求については、改正後の行政不服審査法が適用されることとなる。

「行政処分」以外の不服申立ての対象
①公権力の行使に当たる事実上の行為
　2009年5月、成田空港で新型インフルエンザに感染した高校生が感染症予防法・検疫法に基づき「隔離入院」となり、同じ飛行機で席が近接していた乗客が検疫法

に基づく「停留措置」により10日間入国ができなかった。このような「一定時間継続して権利の制限を受ける状態」にある場合、継続的事実行為として不服申立ての対象になる。

②申請に対する応答をしない「不作為」

　行政処分に不服がある場合には審査請求や訴訟により救済を求めることができるが、法令に基づく申請後「相当の期間」を経過しても処分その他公権力の行使に当たる行為が行われない＝不作為の場合、この不作為に対して不服申立てを行うことができる。

①審査請求と行政訴訟

　審査請求と行政訴訟の違いを整理すると表1のとおりである。

表1　審査請求と行政訴訟の違い

	審査請求	行政訴訟
審査・審理機関	（最）上級行政庁、上級行政庁がない場合は処分庁[※1] ・審理手続は「審理員」が行う ・裁決の際、第三者機関へ諮問	裁判所[※2]
審査対象[※3]	行政処分（不作為）の違法性、当・不当	違法性
審査方法	書面主義、職権主義	修正された弁論主義
費用	不要	訴状に貼付する印紙代（＋弁護士費用）
代理人	弁護士以外も可	弁護士
申立期間の制限	処分を知った日の翌日から3カ月 知らない場合でも1年以内	処分を知った日の翌日から6カ月 知らない場合でも1年以内
手続／処理期間	簡易・非公開／比較的短い	厳格・公開／長期にわたることがある
結果	裁決	判決

※1　大量に定例的に行われる処分では、法律で審査請求の相手を第三者機関としている場合がある。例：建築審査会（建築基準法96条）、固定資産評価審査委員会（地方自治法202条の2）

※2　行政の処分に不服がある場合、審査請求を行うか行政訴訟を提起するか、原則として自由に選択できるが、個別の法律で審査請求の裁決を経なければ行政訴訟を提起できないとされている場合（不服申立前置）がある（行政事件訴訟法第8条1項）
　　例：課税処分等大量の処分であることから統一的な判断が必要であるもの
　　　国税通則法115条第1項、地方税法19条の12、生活保護法69条

※3　審査請求は、行政庁自身が自己の行政行為の見直しを行うものであるため、違法性だけでなく当・不当の裁量についても審査の対象となる。行政訴訟は行政から独立した裁判所による判断となるため、違法性のみが審査の対象となる。ただし、行政庁がその裁量の範囲を超え又はその濫用があったときは、裁判所が行政処分を取り消す等裁量について判断することができる。

②教示制度

　申請に対する不許可、権利を剥奪する許可の取消、義務を課す処分など、住民に不利益となる行政処分を行う際には、審査請求・行政訴訟ができること、申立等の相手、申立期間等を原則として書面で示すことが法律で義務付けられている。(行政不服審査法82条1項、行政事件訴訟法46条)

行政文書開示決定通知書に付されている教示

教　示

1　この決定に不服がある場合には、この決定があったことを知った日の翌日から起算して3月以内に、○○県知事に対して審査請求をすることができます（なお、この決定があったことを知った日の翌日から起算して3月以内であっても、この決定の日の翌日から起算して1年を経過すると審査請求をすることができなくなります。）。

2　この決定については、この決定があったことを知った日の翌日から起算して6か月以内に、○○県を被告として（訴訟において○○県を代表する者は○○県知事となります。）、処分の取消しの訴えを提起することができます（なお、この決定があったことを知った日の翌日から起算して6か月以内であっても、この決定の日の翌日から起算して1年を経過すると処分の取消しの訴えを提起することができなくなります。）。

　　ただし、上記1の審査請求をした場合は、当該審査請求に対する裁決があったことを知った日の翌日から起算して6か月以内に、処分の取消しの訴えを提起することができます。

　行政不服審査法では、誤った教示の場合の救済策を講じている（行政不服審査法22条）が、行政事件訴訟法では明文の規定はなく、個々の手続の中で配慮されることになる。

③行政不服申立ての現状

平成26年度の行政不服審査法等の施行状況に関する調査結果（平成27年12月総務省発表）

①国における不服申立ての現状

表1　国における不服申立ての処理期間等

(件数)

区分	前年度未処理件数	不服申立て	計	処理			取下げ	次年度繰越	
				6か月以内	1年以内	1年超		計	1年超
総件数	105,574	120,101	150,952	121,033	21,237	8,682	6,487	68,236	17,347
1 行政不服審査法	88,729	88,505	122,288	103,386	15,450	3,452	5,037	49,909	13,822
①異議申立て	9,459	14,814	7,806	5,682	382	1,742	884	15,583	6,851
国税通則法	764	3,464	3,084	3,034	6	44	441	703	221
出入国管理及び難民認定法	4,875	2,678	1,192	22	56	1,114	373	5,988	3,430
その他	3,820	8,672	3,530	2,626	320	584	70	8,892	3,200
②審査請求	73,233	42,261	100,611	95,015	4,116	1,480	3,876	11,007	3,648
社会保険関係*1	65,737	35,148	94,836	93,112	917	807	3,319	2,730	9
国税通則法	2,811	2,405	2,998	187	2,517	294	210	2,008	168
その他	4,685	4,708	2,777	1,716	682	379	347	6,269	3,471
③再審査請求	6,037	31,430	13,871	2,689	10,952	230	277	23,319	3,323
社会保険関係	1,090	28,526	12,371	2,236	10,121	14	251	16,994	18
生活保護法	3,982	2,191	848	362	351	135	3	5,322	2,793
その他	965	713	652	91	480	81	23	1,003	512
2 行政不服審査法以外*2	16,845	31,596	28,664	17,647	5,787	5,230	1,450	18,327	3,525
工業所有権関係*3	15,751	26,999	24,150	13,632	5,562	4,956	1,333	17,267	3,169
その他	1,094	4,597	4,514	4,015	225	274	117	1,060	356

*1　法令別件数は行政不服審査法によるものについては不服申立て件数上位3位まで、行政不服審査法によらないものについては不服申立て件数1位のものを掲載している。

*2　「社会保険関係」とは、健康保険法、船員保険法、厚生年金保険法及び国民年金法に基づくものをいう。

*3　「工業所有権関係」とは、特許法、商標法及び意匠法に基づくもの（審判の請求等）をいう。

3　行政への不服申立制度の仕組み

②地方公共団体における不服申立ての現状

表2　地方公共団体における不服申立ての処理期間等　　　　　　　　　　　　　（件数）

区分	前年度未処理件数	不服申立て	処理 計	処理 6か月以内	処理 1年以内	処理 1年超	取下げ	次年度繰越 計	次年度繰越 1年超
総件数	197,145	26,187	40,446	13,703	6,986	19,757	4,518	178,368	166,729
1 行政不服審査法	196,957	24,770	39,073	12,516	6,858	19,699	4,437	178,217	166,668
①異議申立て	16,197	9,007	7,728	5,329	1,091	1,308	541	16,935	9,775
情報公開条例	12,275	2,852	2,510	1,334	546	630	249	12,368	8,103
道路交通法関係	649	1,768	1,623	1,382	188	53	126	668	4
地方税関係	148	996	993	972	16	5	64	87	23
個人情報保護条例	2,696	745	882	151	142	589	18	2,541	1,506
その他	429	2,646	1,720	1,490	199	31	84	1,271	139
②審査請求	180,703	15,674	31,299	7,148	5,763	18,388	3,893	161,185	156,819
生活保護法	6,083	8,278	8,956	3,871	3,089	1,996	126	5,279	3,532
介護保険法	901	2,385	2,024	758	1,254	12	106	1,156	19
高齢者の医療の確保に関する法律	120	1,598	1,619	1,045	536	38	17	82	9
その他	173,599	3,413	18,700	1,474	884	16,342	3,644	154,668	153,259
③再審査請求	57	89	46	39	4	3	3	97	74
2 行政不服審査法以外	188	1,417	1,373	1,187	128	58	81	151	61
地方税関係	52	479	452	312	123	17	49	30	14
その他	136	938	921	875	5	41	32	121	47

　行政訴訟に比べ、行政不服申立ては、簡易な手続で比較的短期に結論を得られるとされているが、国において平成26年度中に処理された行政不服審査法における不服申立案件について、6か月以内に処理されたものは84.5％であるが、地方公共団体においては6か月以内の処理は32.0％であり、1年以上のものは50.4％と、必ずしも短期に裁決等が行われている状況ではない。

　行政不服審査法の改正により、審理員による審理、第三者機関への諮問が新たに追加されており、裁決までの処理期間への影響が注視されている。

1　行政不服審査の具体的手続

(1)　審査請求、再調査の要求、再審査請求

　改正前の行政不服審査法では、不服申立ての種類は異議申立て、審査請求、再審査請求の三つの形態とされていたが、改正により異議申立ては廃止され、審査請求に一元化された。

行政庁の処分や不作為に対して不服を申し立てる場合には、最上級行政庁である審査庁へ審査請求を行うことが原則とされており、上級行政庁がない場合は、処分庁（不作為庁）へ審査請求を行う（処分庁が審査庁となる）。

再調査の請求は、課税処分等不服申立てが大量になされる処分について、処分庁が簡易な手続で事実関係の再調査を行うことがより迅速な権利救済となることから、法律に特に定めがある場合のみ処分庁に請求することができる。

また、再審査請求は、改正前も法律または条例に定めがある場合のみ行えるものであったが、改正後の審査請求は、最上級行政庁を審査庁とすることから、その対象を見直しのうえ縮小し、法律に特に定めがある場合にのみ、法律の定める行政庁へ行う例外的なものとして存続している。

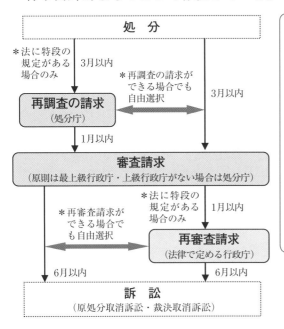

(2) 審査請求の手続

① 審査請求ができる者（行政不服審査法第2条及び第3条）

審査請求は行政処分の直接の相手方だけでなく、第三者であっても当該処分によって不利益が生じる、またはそのおそれがある場合には審査請求を行うことができ、個人、法人、法人格なき社団・財団を問わない。なお、不服があっても審査請求をする利益のない者の場合は「不服申立適格」が否定され、申立ては不適法として却下される。

ただし、不作為についての審査請求は法令に基づき行政庁に対して処分についての申請をした者に限られる。

② 審査請求の流れ

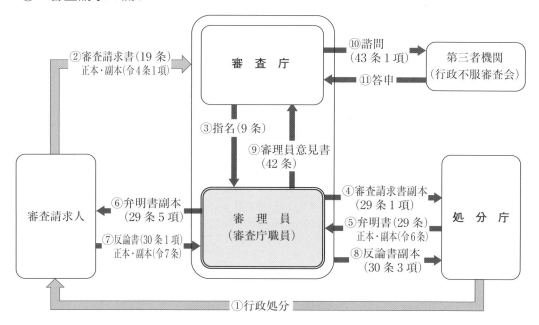

　審査庁は、審査請求書が提出されると、対象の処分・申立適格・請求期間・必要事項の記載等を確認する。法定の要件が形式的に充足され、適法な審査請求であれば、審査庁は審理手続を行う審理員を指名し、審査請求人と処分庁へ通知する。

　審理員は審査庁の職員のうち、当該処分に関与していない者から指名しなければならない。

　審理員は、審査請求書の副本を処分庁へ送付し、期限を定めて弁明書を提出させる。この弁明書を審査請求人へ送付し、反論書が提出されれば処分庁へ送付する。弁明・反論は審理員が必要と判断すれば複数回繰り返すこともできる。

　審査請求人には、改正前においても口頭意見陳述の申立て、証拠書類の提出、証拠調べの申立、閲覧請求など手続上の権利が保障されていたが、改正法によりその権利が拡充され、証拠書類の謄写、口頭意見陳述における処分庁への質問権が新たに定められた。

　審理員は弁明・反論や提出された証拠により双方の主張を検討するが、事実認定において鑑定、収集、検証を行った証拠によって行うことができる（職権主義）。

③　審査請求書の必要事項及び添付書類

　審査請求は原則として書面を提出しなくてはならず、その記載事項も行政不服審査法で定められている。

> (審査請求書の提出)
> 第19条　(略)
> 2　処分についての審査請求書には、次に掲げる事項を記載しなければならない。
> 　(1)　審査請求人の氏名又は名称及び住所又は居所
> 　(2)　審査請求に係る処分の内容
> 　(3)　審査請求に係る処分(当該処分について再調査の請求についての決定を経たときは、当該決定)があったことを知った年月日
> 　(4)　審査請求の趣旨及び理由
> 　(5)　処分庁の教示の有無及びその内容
> 　(6)　審査請求の年月日

　また、代理人による請求の場合には委任状が必要であり、法人の場合には法人の資格証明(商業登記簿の謄本)が必要である。

　法定記載事項や添付書類が不十分な場合で、補正が可能な場合には審査庁は補正を命じ、補正されない場合には審査請求を不適法として却下することになる。

　審査請求期間経過後の申請など、補正不能な場合も不適法な請求として却下となる。

```
                    審査請求書
                                    平成○年○月○日
  ○○県知事　　　　　様
                          審査請求人　○○市○○区○丁目○番○号
                                    ○○○○　　㊞
    1　審査請求に係る処分の内容
        ○○○○(処分庁)が平成○年○月○日付け第○○号で行った○○
      ○についての取消処分
    2　審査請求に係る処分があったことを知った日
        平成○年○月○日
    3　審査請求の趣旨
        「1記載の処分を取り消す」との裁決を求める。
    4　審査請求の理由
        当該処分は別添証拠書類○○に記載の内容から明らかであるよう
      に、処分の相手方を誤っており違法である。
```

3　行政への不服申立制度の仕組み

```
　5　処分庁の教示の有無及びその内容
　　・教示のある場合
　　「この処分に不服があるときは、この処分のあったことを知った日の翌日から起算して3カ月以内に○○県知事に対して審査請求をすることができる。・・・・」
　　・教示のない場合　ない。
　6　添付書類
　　　別添証拠書類　登記簿謄本
　　　処分通知書の写し
```

④　弁明書の必要事項及び添付書類

　弁明書の提出は処分庁に義務付けられ、処分の内容及び理由を記載しなければならない。また、審査請求にかかる処分に関し、聴聞又は弁明の機会付与の手続における聴聞調書・聴聞報告書を添付することとされている。

```
　　　　　　　弁　明　書　　　　○○第○○○号
　　　　　　　　　　　　　　　　平成○年○月○日
審理員　○○　○○　様
　　　　　　　　　　　　　　　処分庁○○　㊞

　審査請求人が平成○年○月○日付けで提起した○○についての取消処分に係る審査請求について、次の通り弁明する。

1　弁明の趣旨
　　「本件審査請求を棄却する。」との裁決を求める。
2　事案の概要
　(1)　審査請求人は、処分庁に対し平成○年○月○日に○○の申請を行った。
　(2)　処分庁は、審査請求人に対し、平成○年○月○日に・・・
　(3)　処分庁は、審査請求人に対し、平成○年○月○日に○○についての取消処分をした。
3　本件処分の内容及び理由
　(1)　処分の内容
　(2)　処分の理由
4　審査請求書記載事実の認否
5　添付書類
```

⑤　審理員意見書の提出

　審理員は、審理手続を主宰して公正に審理を行い、必要な審理を終えたと判断したときは審理手続を終結し、審理員意見書を作成する。審理員意見書は審理の結果をまとめ、裁決の原案となるものであり、事件記録とともに審査庁へ提出する。

　審理員意見書の提出を受けた審査庁は、審理員意見書及び事件記録を添えて第三者機関へ諮問し、審査請求人及び処分庁へ諮問したことを通知し、審理員意見書の写しを送付しなければならない。

審理員意見書

平成〇年〇月〇日

〇〇県知事　様

審理員〇〇　〇〇　㊞

　行政不服審査法第42条第2項の規定に基づき、審査請求人〇〇　〇〇が平成〇年〇月〇日付けでした〇〇についての取消処分に係る審査請求について、次のとおり裁決に関する意見を提出する。

第1　事案の概要
　1　審査請求人は、処分庁に対し、平成〇年〇月〇日に〇〇の申請を行った。
　2　処分庁は、審査請求人に対し、平成〇年〇月〇日に・・・
　3　処分庁は、審査請求人に対し、平成〇年〇月〇日に〇〇についての取消処分をした。
　4　審査請求人は、平成〇年〇月〇日、〇〇県知事に対し、本件処分の取消しを求める審査請求をした。

第2　審理関係人の主張の要旨
　1　審査請求人の主張
　　審査請求人の主張は、・・・・・・であり、本件処分は法の適用を誤り、違法であるとして、その取消を求めるものである。
　2　処分庁の主張
　　処分庁は、・・・・・何ら違法または不当な点は存在せず、適正になされた旨主張している。

第3　理由
　・・・・・・・・・・

第4　結論
　以上のとおり、本件審査請求には理由がないことから、行政不服審査法第45条第2項の規定により、棄却されるべきである。

3 行政への不服申立制度の仕組み

⑥ 第三者機関への諮問・答申

審査請求における客観性・公正性の確保のため、審査請求を棄却しようとする場合に、第三者機関が審査庁の判断を審査するため、審理手続修了後、裁決の前に第三者機関へ諮問することが義務付けられている。

国においては、法により「行政不服審査会」がその役割を担い、地方公共団体においても附属機関として設置が義務付けられている。

当該第三者機関の答申は、審査請求人へ送付されるとともに公表しなければならない。

⑦ 審査請求の裁決

審査庁は、処分庁の処分の当・不当、違法性について審理し、その判断結果（裁決）を審査請求人に送達する。裁決には却下、棄却、認容の3種類がある（行政不服審査法45～47条）。なお、裁決も行政処分であるため、裁決書には教示を付す必要がある。

裁　決　書

　　　　　　　　　　　　　　審査請求人　〇〇市〇〇区〇丁目〇番〇号
　　　　　　　　　　　　　　　　　　　　　〇〇　〇〇
　　　　　　　　　　　　　　処分庁　　　〇〇〇

審査請求人が平成〇年〇月〇日付けでした〇〇についての取消処分に係る審査請求について、次の通り裁決する。

主　文
本件審査請求を棄却する。

事案の概要
1　審査請求人は、処分庁に対し、平成〇年〇月〇日に〇〇の申請を行った。
2　処分庁は、審査請求人に対し、平成〇年〇月〇日に・・・
3　処分庁は、審査請求人に対し、平成〇年〇月〇日に〇〇についての取消処分をした。
4　審査請求人は、平成〇年〇月〇日、〇〇県知事に対し、本件処分の取消しを求める審査請求をした。

審理関係人の主張の要旨
1　審査請求人の主張
　審査請求人の主張は、・・・・・であり、本件処分は法の適用を誤り、違法であるとして、その取消しを求めるものである。
2　処分庁の主張
　処分庁は、・・・・・何ら違法または不当な点は存在せず、適正になされた旨主張している。

```
             理      由
  1  法令等の規定
  2  あてはめ
  3  ・・・・・・・・・
  4  結論
  以上のとおり、本件審査請求には理由がないから、行政不服審査法第45条
  第2項の規定を適用して、主文のとおり裁決する。
                                          ※教示文
```

　却下は、処分の不存在や補正命令に応じないなど審査請求が不適法であるときになされる裁決である。

　棄却は、審査請求の対象となった処分に違法・不当がなく適法であるとして、審査請求に理由がないときになされる裁決である。

　却下や棄却の裁決について不服があり、なお処分について争う場合には、行政訴訟の提起を行うことになる。

　認容は、処分に違法・不当な点があり、審査請求に理由があるとして当該処分の全部または一部を取り消す裁決である。全部認容の場合、その処分は当初からなかったことになり、申請に基づく処分は申請状態に戻るため、処分庁は改めて処分を行うことになる。また、処分の変更も可能である（46条1項）。

　処分の理由が違法とされた場合は同一の理由で拒否処分はできず、別の理由で処分をやり直す必要があるが、裁決の違法等の判断は処分時を原則とするため、処分当時と前提となる事情が異なっている場合には同一の理由による拒否処分が可能となる場合がある。

　法令に基づく申請を却下または棄却する処分を取り消す場合において、当該申請に対して一定の処分をすべきものと認めるとき、処分庁の上級行政庁である審査庁は処分庁に対して処分すべき旨を命ずる。また、審査庁が処分庁であるときは当該処分をする。これらの場合において、必要があれば、審議会の議を経る等を行うことができる（46条2項〜4項）。

column⑧　民による行政と国家賠償（指定確認検査機関の場合）

1　「民による行政」の拡大

平成10年の建築基準法改正により、民間事業者である指定確認検査機関が建築確認を行うことができるようになっている（建築基準法6条の2第1項）。この場合の指定は、検査機関の業務が複数の都道府県にわたる場合は国土交通大臣が、単一の都道府県の中である場合は当該都道府県知事が行う（同条2項）。

また、平成16年の地方自治法改正によって、公の施設の管理について、民間事業者が指定管理者として使用許可等の施設管理に関する行政処分を行うことが可能となった（地方自治法244条の2第3項から11項まで）。この場合の指定管理者は、地方公共団体の指定を受けた民間事業者である。

同様の現象は、福祉領域にも見られる。例えば社会福祉法人が設置する児童養護施設における養育看護行為についても、入所措置を行った都道府県の権限が委譲されているものと解されている(注1)。

このように、行政庁の事務が民間事業者に委ねられる領域が拡大しており、「民による行政」といわれている(注2)。

2　民による行政と国家賠償

「民による行政」として民間に委託された行政事務が原因で損害が発生した場合に、委託者である行政庁は国家賠償法による賠償責任を負うかという問題がある。最高裁は、建築確認に関する指定確認検査機関の場合について委託元の行政庁である地方公共団体が国家賠償責任を負うとしている(注3)。

その理由は、判決を要約すれば、次の3点にまとめられる。

① 建築基準法6条1項の規定に基づく建築主事による確認に関する事務は、地方公共団体の事務であり（同法4条、地方自治法2条8項）、同事務の帰属する行政主体は、当該建築主事が置かれた地方公共団体である。

② 建築基準法は、建築物の計画が建築基準関係規定に適合するものであることについて指定確認検査機関の確認を受け、確認済証の交付を受けたときは、当該確認は建築主事の確認と、当該確認済証は建築主事の確認済証とみなすと定めている（同法6条の2第1項）。

③ 建築基準法は、指定確認検査機関が確認済証の交付をしたときは、その旨を特定行政庁に報告しなければならない（同法6条の2第3項）。このことは、指定確認検査機関をして

column ⑧　民による行政と国家賠償（指定確認検査機関の場合）

確認に関する事務を特定行政庁(注4)の監督下において行わせることとしたということができる。

このような考え方の背景には、アメリカのステイト・アクション理論における行政補助者の「手先」・「道具」という構成があると推測できる(注5)。

3　行政法学上の論点

行政法学上は、このような指定機関について、行政主体の内部にあると考えるのか（内部関係説）、それとも外部にあると考えるのか（外部関係説）で考え方は分かれている(注6)。ただし、いずれの立場でも、きれいな解答が得られない問題であるとされている(注7)。

(1)　内部関係説（融合論）

指定確認検査機関について、行政主体の中に融合しているという考え方。指定確認検査機関は行政作用を行っている公務員であって、民間機関であるが、機能的には行政機関であるとする。この考え方によれば、例えば指定確認検査機関が建物の耐震性に関わる構造計算の欠陥を発見できずに、確認を行った場合でも、行政庁が損害賠償責任を負うこととなる。

(2)　外部関係説（分離論）

指定確認検査機関は、行政主体とは別物として外側にあるとする考え方。この考え方によれば、指定確認検査機関が、国家賠償法の賠償責任者となるのが理論的な帰結である(注8)。

(3)　構図（伸びた手論＝融合論）

最高裁が採用した内部関係説の考え方を図解するならば、次の図のようになる。

指定確認検査機関が行政庁の伸びた手のようになっていると考えるのである。

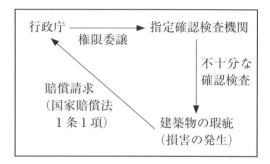

4　立法的な対応（法改正）

耐震偽装に関するいわゆる姉歯事件に端を発するこの問題は、その後建築主事に対する国賠請求が行われたり(注9)、民間の指定検査機関に対して賠償請求が行われたりした(注10)。しかし、他方で構造計算の適合性判定が適切に行われることを担保する制度と、それにもかかわらず、建築物に瑕疵があった場合の補償を保険によって確保しようとする制度が法律上構築されているので、付記しておきたい。

(1)　指定構造計算適合性判定機関

column ⑧　民による行政と国家賠償（指定確認検査機関の場合）

　平成18年6月に、建築物の安全性の確保を目的として建築基準法が改正され、一定の高さ以上等の建物について、構造計算審査を行うこととされた。

　具体的には、建築基準法18条の2が、指定構造計算適合性判定機関による構造計算適合性判定の実施を定めている（同条1項）。そして、都道府県知事の指定により、指定された機関に構造計算適合性判定を行わせた場合は、都道府県知事は指定を受けた者が行う構造計算適合性判定は行わないものとされている（同条2項）。

(2)　特定住宅瑕疵担保責任の履行の確保等に関する法律

　平成19年5月に制定されたこの法律は、平成21年10月から、新築住宅を供給する事業者に対して、瑕疵の補修等が確実に行われるよう、保険や供託を義務付けた。万一事業者が倒産した場合でも、保険法人から2,000万円までの補修費用の支払いが受けられる。

(注1) 最判平成19・1・25
(注2) 小林武・見上崇洋・安本典夫編
　　　「民」による行政（新たな公共性の再構築）
　　　法律文化社　2005年
(注3) 最判平成17・6・24。ただし、行政事件訴訟法21条1項の訴えの変更の例であるので、ストレートに国家賠償請求の例でないことに留意する必要がある。なお、西埜章　国家賠償法コンメンタール（平成24年2月25日　勁草書房刊）82頁もこの事例を取り上げ、差戻審である横浜地判平成17・11・30が、当該地方公共団体が国賠法1条1項の「公共団体」として賠償責任を負うと判示したとしている。
(注4) 特定行政庁は、建築基準法2条35号で次のように定義されている。
　　　建築主事を置く市町村の区域については当該市町村の長をいい、その他の市町村の区域については、都道府県知事をいう。ただし、97条の2第1項又は97条の3第1項の規定により建築主事を置く市町村の区域内の政令で定める建築物については、都道府県知事とする。
(注5) 三並敏克「民営化された行政」への憲法の適用
　　　前掲『「民」による行政』32頁
(注6) 耐震偽装の政府責任　辻山幸宣編　公人社　2006年
　　　指定検査機関の責任と法構造　鈴木庸夫　13頁以下
(注7) 塩野Ⅲ4版165頁～167頁は、「指定機関を行政事件訴訟法21条1項の公共団体に含めて解釈する途もあったと思われる」としているので、本稿注8の包含説と理解できる。
(注8) 私人側からみて私人が行政事件訴訟法21条の「国又は公共団体」に含まれることは排除されないとする行政判例百選第6版15頁の包含説は、ここでいう「外部関係説」に相当する。
(注9) 京都地判平成21・10・30
　　　ほかに名古屋地判平成21・2・24
(注10) 奈良地判平成20・10・29
　　　（注9）と（注10）の判例は、行政判例研究会　田村泰俊　行政判例研究　自治研究88巻7号129頁を参照した。

4 住民訴訟制度―住民自身による地方公共団体の財務の監視・是正制度

■住民訴訟制度―手続の流れ

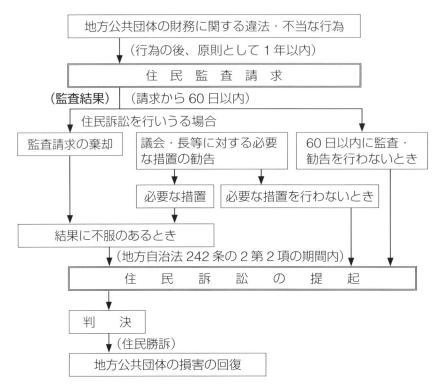

前提となる基礎知識

地方公共団体の活動の多くは、その地方公共団体に居住する住民の税金によって賄われている。このため、地方公共団体の財務に関し、その地方公共団体に居住する住民が直接監視し、是正させることを可能とするため、地方自治法に住民監査請求（地方自治法242条）と住民訴訟（地方自治法242条の2）という2つの制度が定められている。

住民訴訟は、「納税者の権利を保護するため、自分の納めた税金の使途について、納税者自ら監視することができる」アメリカの納税者訴訟の制度を参考に、戦後、地方自治法に取り入れられたものである。日本の住民訴訟は「納税者であること」は要件ではない。

4 住民訴訟制度—住民自身による地方公共団体の財務の監視・是正制度

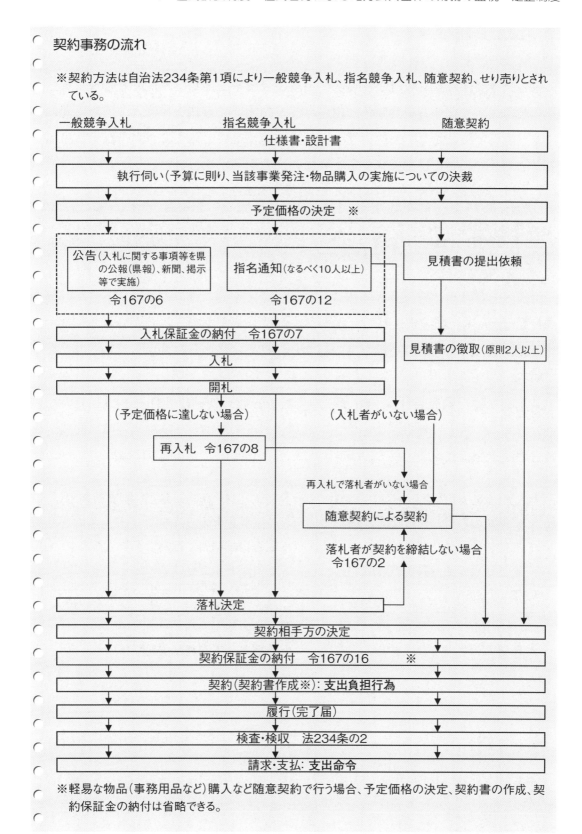

第7章　行政と住民

1　住民監査請求制度

(1)　制度の概要

　地方公共団体の長や職員が、違法・不当に公金を支出したり、財産管理を怠ったりした場合、当該地方公共団体の住民は、単独(*1)でも個人・法人・国籍を問わずに監査委員(*2)に対して当該財務会計行為の違法等について、事実を証する書面を添え、文書で必要な措置を講ずるように住民監査請求を行うことができる。

*1　地方公共団体の事務の執行に関し、監査委員に監査を求める事務監査請求制度がある（地方自治法75条）。対象は財務会計行為に限定されないが、選挙権を有する者総数の1/50の署名が必要である。

*2　監査委員は、地方公共団体の財務や事業について監査を行うため普通地方公共団体に設置される執行機関（地方自治法195条〜202条）

　請求の内容は当該地方公共団体の長、委員会、委員、職員の違法・不当な財務会計行為（①〜⑥）に限定される。また、住民監査請求を行うことができる期間（監査請求期間）は、当該財務会計行為の行われた日又は終わった日から1年以内となっている。

　請求を受けた監査委員は、60日以内に監査を行い、請求要件を具備していない場合は却下、請求に理由がない場合は棄却、請求に理由がある場合は関係機関への勧告の決定を行う。

①公金の支出※ ②財産の取得、管理及び処分 ③契約の締結及び履行 ④債務その他の義務の負担	⇐	当該行為の防止、是正、損害の補てんの措置を求める。 ＊監査請求期間：行為後1年（正当な理由があるときはこの限りでない）
⑤公金の賦課もしくは徴収を怠る事実 ⑥財産の管理を怠る事実	⇐	怠る事実を改め、損害の補てんの措置を求める。 ＊原則として監査請求期間なし

(2) 住民監査請求の現状

住民監査請求の状況（全国）は、次のとおりです。

（単位：件）

	住民監査請求の件数	取り下げ	却下	棄却	勧告	合議不調
都道府県	472	18	259	177	17	1
市町村	1,914	44	809	936	98	28
合計	2,386	62	1,068	1,113	115	29

（注）1．2009年4月1日から2012年3月31日までの間に請求があったもの
　　　2．総務省調べ
（出典）地方自治月報第56号（総務省）

2　住民訴訟制度

(1) 制度の概要

　住民訴訟は、住民監査請求を行った請求者が、監査委員の監査結果等に対して不服がある場合、違法な財務会計行為について、監査結果から30日以内に裁判所に対してその是正を訴えるものである。住民訴訟を提起するには、住民監査請求を経なければならず、当該請求を行った住民だけが提起できる（監査請求前置主義）。また、住民監査請求は財務会計行為の不当性についても監査請求を行うことができるが、住民訴訟では違法性についてしか提起することができない。

≪請求の内容≫　住民監査請求に係る違法な行為または怠る事実について訴えをもって請求

　　　　　　　→いずれも自治体の長などに不作為又は作為を義務付ける訴訟

①1号請求：執行機関または職員に対する当該行為の差止請求
　例：公有財産の廉価による払い下げ、公金支出の差し止めなど

②2号請求：行政処分としての当該行為の取消しまたは無効確認の請求
　例：行政財産の占用許可

③3号請求：執行機関または職員に対する違法に怠る事実の違法確認請求
　例：租税や負担金、自治体の債権などの賦課徴収を怠っている事実の違法確認

④4号請求：執行機関または職員に対し、職員又は行為・怠る事実に係る相手方に対する損害賠償・不当利得返還の請求をすることを求める請求
　例：住民が地方公共団体の執行機関又は担当職員に対し、公有財産を廉価で払下げた長や職員の責任を追及して損害賠償を求めたり、払下げを受けた企

第7章　行政と住民

業から不当利得の返還を求めたりするように、請求するなど最も多く行われているのは4号請求である。

4号請求の仕組み：二段階訴訟

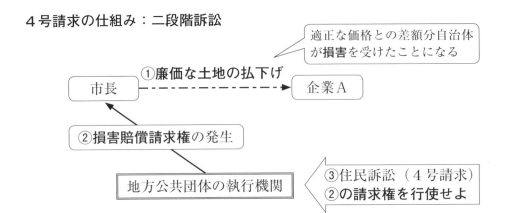

住民訴訟の費用

Q 住民訴訟の訴状に貼付する印紙代金は？

A 13,000円：訴額は160万円となるから。

住民訴訟は、原告が自己の利益や自治体の利益でなく、住民全体の利益のため受けるべき利益のために行い、訴訟の価格の根拠を認めることができない【最判昭和53・3・30】

→民事訴訟費用等に関する法律第4条2項「財産権上の請求でない請求に係る訴えについては、訴訟の目的の価額は、160万円とみなす。財産権上の請求に係る訴えで訴訟の目的の価額を算定することが極めて困難なものについても、同様とする。」

住民監査請求・住民訴訟は、各地のオンブズマンが統一テーマで行うことがあり、財務会計上の一定の役割を果たしている。（例）政務活動費、食糧費　等

(2) 住民訴訟の現状

住民訴訟の状況（全国）は、次のとおりです。

（単位：件）

	住民訴訟の件数					
		却下	棄却	原告一部勝訴	原告全面勝訴	係争中
都道府県	190	17	62	6	1	104
市町村	568	47	171	30	7	313
合計	758	64	233	36	8	417

（注）1. 2009年4月1日から2012年3月31日までの間に請求があったもの
　　　2. 総務省調べ
（出典）地方自治月報第56号（総務省）

(3) 非財務事項の間接統制

　住民監査請求、住民訴訟は、地方公共団体の財務会計行為の違法性や不当性について判断を求めることができる。長の退職や職員の罷免を求めたり、金銭の出所や使途明細の公開請求はできない。しかし、地方公共団体の活動の多くは、その経費の支出や財産の管理などの財務会計行為を伴うため、その財務会計行為が必要となる行為－地方公共団体の長や職員の行政行為－の違法性や不当性について判断を求めることができる。

　つまり、経費の支出という財務会計行為の違法性を主張するに当たり、その支出目的や使途、またはその事業そのもの、政策の適否を住民訴訟で争うことができる。このように、住民訴訟は財務会計行為だけでなく、非財務事項についてもその対象として判断を求めることが行われている（例：津地鎮祭違憲訴訟（最大判昭和52・7・13））。

　体育館の起工式を神式で行い、神社への公費支出が憲法の政教分離に抵触するとして争われた。

3　住民訴訟における最高裁判決の意義

　住民監査請求、住民訴訟は、地方自治法における根拠法令が少ないため、これまでも判例によってその解釈や判断が確立されてきている。また、地方公共団体が被告となる裁判としては新たな判例が多く出される訴訟分野でもあり、一地方公共団体に出された判決の内容によっては、全国の地方公共団体の事務執行に影響を与える場合もある（例：最判平成22・1・20（砂川市有地無償提供違法確認請求事件（空知太神社事件）））。

(1) 監査請求の対象の特定がどこまで必要かを明確にした裁判例

|判例1| 最判平成16・11・25（県複写機使用料事件）

【事実】

○　A県は複写機リース会社に対する支出に関し、不正の疑いが生じたことから調査を実施した結果、平成7年度の支出のうち2億2,412万4,000円、平成5年度から9年度までの支出のうち6億4,433万6,000円が不適切なものであることを公表。

○　A県の住民が、（まず平成7年度の支出に関し、その後）平成5年度、6年度、8年度、9年度の支出について住民監査請求をしたところ、県監査委員は、本件監査請求は請求の対象の特定を欠くとして却下。

○　県住民は、当時の佐賀県知事に対して旧242条の2第1項4号に基づき損害賠償請求を求め、複写機リース会社に対する不当利得返還請求権及び違法支出に関与した県職員に対する損害賠償請求権の行使を怠る事実の違法確認を求めた。

【争点】
監査請求の対象である違法な財務会計行為の特定性はどこまで必要か。

【判旨】
①　住民監査請求においては、当該行為等を他の事項から区別して特定認識できるように個別、具体的に摘示することを要する。各行為等を他の行為等と区別して特定認識できるように個別的、具体的に摘示することを要する。

②　監査請求書及びこれに添付された事実を証する書面の各記載、監査請求人が提出したその他の資料等を総合して、住民監査請求の対象が特定の財務会計上の行為等であることを監査委員が認識することができる程度に摘示されているのであれば、これをもって足りる。

【論点解説】
監査請求の対象の特定性

本件の事実関係等では、既に県が複写機リース料に関し具体的な調査をしており、この調査結果をもってすれば、本件監査請求において、支出した部課、支出年月日、金額、支出先等の詳細が個別具体的に摘示されていなくても、県監査委員において、本件監査請求の対象を特定して認識することができる程度の摘示されていた。この判決まで、監査請求の対象について非常に厳格に求める下級審判決が相次いでいたが、特定性に関し「提出した資料で総合的に監査人が対象を認識できれば足りる」と比較的幅広く認める見解が明確となった。

【参照】最判平成2・6・5（水道企業架空接待経理事件）

(2) **監査請求期間（1年）を経過した「正当な理由」について判断した裁判例**

|判例2| 最判平成14・10・15（建物収去土地明渡等、損害賠償等請求事件）

【事実】
①　昭和62年7月1日　X市とYとの間で土地賃貸借契約締結 ◀───┐
　　　　　　　　（原告は市価より2割以上安価と主張）　　　　│1年6か月
②　昭和63年11月10日ころ　代理人弁護士がX市の内部資料を入手　│
③　昭和63年11月17日ころ　原告である不動産鑑定士が不当価格と意見書作成 ◀─┐
④　平成元年1月20日　弁護士・不動産鑑定士らが監査請求　　　　　　　　　64日目

【争点】

違法な財務会計行為のあった日または終わった日から1年という期間制限の原則の例外として、1年経過後も監査請求しうる「正当な理由」があるか。

【判旨】

① 本件監査請求においては賃貸借契約の締結を監査対象の行為としているので、契約の締結行為は一時的行為であり契約締結の日を基準として242条2項本文（請求期間1年）の規定を適用すべきである。

② 一般住民が相当の注意力をもって調査したときに客観的にみて監査請求をするに足りる程度に当該行為の存在又は内容を知ることができなくても、監査請求をした者が監査請求をするに足りる程度に当該行為の存在及び内容を知ることができたと解される場合には、正当な理由の有無は、そのように解される時から相当な期間内に監査請求をしたかどうかによって判断すべきものである。

③ 市の内部資料により、遅くとも事実③のころまでには適正な金額でないという不動産鑑定士としての意見を明らかにでき、賃貸借契約の締結について直ちに監査請求をするに足りる程度にその内容を認識していた。

④ （上記③から64日経過後の）元年1月20日にされた本件監査請求は相当な期間内にされたものということができず、242条2項但書の正当な理由があるということはできない。

【論点解説】

正当な理由を有する者の判断基準

住民監査請求の請求期間が当該財務会計行為から原則1年間とされているのは、いつまでも監査請求や住民訴訟の対象となりうる状況に置くことが法的安定性を損ない好ましくないからである。

最高裁はこの原則によらない「正当な理由があるとき」の判断基準は「住民が相当の注意力をもってしても当該行為を知り得なかったときは、知り得たときから相当の期間内に監査請求をしたかどうか」としている。本件においてはその判断の対象となる「住民」は一般住民であっても、専門家である弁護士、不動産鑑定士にあっては、高度な注意力をもって「相当な」注意力および「相当な」期間が求められることになる。

4 住民訴訟における判決と地方公共団体の議会の議決

非財務事項、つまり地方公共団体の政策を問う住民争訟では、損害賠償を求める

金額が億単位のような高額になることがある。このような事案で首長や職員に対する賠償に係る4号請求が認容された場合、個人の支払能力では対応できない高額な賠償金額が確定することもあり得る。現に、当時の首長に対する請求が確定し、自宅の土地・建物が差し押さえられた事例も存在する。

一方、住民訴訟の判決によって確定した損害賠償請求権は地方公共団体の「債権」であるため、地方議会が債権放棄の議決（地方自治法96条1項10号）をすることによって首長や職員個人への請求を行わない事例が生じている。住民の代表である地方議会は、一定の合理的判断を行う権限を有する一方、安易な債権放棄は住民による財務会計行為の監視や是正する住民訴訟制度の根幹を揺るがすとして問題視された。

このような中、平成24年4月20日及び4月23日に議会による債権放棄に関する最高裁判決が相次いで出されている（下記及び最判平成24・4・20（大阪市非常勤職員への退職慰労金支給損害賠償請求事件）、最判平成24・4・23（さくら市公金違法支出損害賠償請求事件））。

(1) **条例による返還請求権の放棄を適法とした裁判例**

判例3 最判平成24・4・20（神戸市外郭団体派遣職員への人件費違法支出損害賠償請求事件）

【事実】
○ 市はいわゆる外郭団体に対し条例及び規則に基づき職員を派遣し、職員は各団体の業務に従事していた。
○ 平成17年度及び18年度に市が各団体に支出した補助金または委託料は、派遣職員の人件費に充てられた。
○ 市の上記支出が、派遣職員の給与の支給方法等を定める派遣法を潜脱するもので違法、無効であるとして、市民が住民訴訟提起 → 一連の裁判の一部で市民の請求が一部認容された。
○ 市議会は派遣に関する条例を改正するとともに、当該条例において団体及び派遣職員への不当利得返還請求権の放棄を定めた。
○ 高裁は団体等への支給は違法・無効であり、市長には過失がある。かつ債権の放棄は議決権の濫用であり無効として住民の請求を認容。

【争点】
条例による請求権の放棄は議決権の濫用に当たるか。

4　住民訴訟制度—住民自身による地方公共団体の財務の監視・是正制度

【判旨】
① 本件支出は違法、無効であるが他の多くの自治体において同様の支出が行われ、裁判においても適法・違法の判断が分かれていた事情下で市長として尽くすべき注意義務を怠った過失があったとはいえない。
② 総合的に判断すれば、市が団体に対する不当利得返還請求権を放棄することが普通地方公共団体の民主的、実効的な行政運営の確保を旨とする地方自治法の趣旨等に照らして不合理であるとは認め難く、その放棄を内容とする市議会の議決がその裁量権の範囲の逸脱又はその濫用に当たるとはいえず、適法である。

【論点解説】
住民訴訟による地方公共団体の損害賠償請求権等を議会が放棄することの法的判断については「総合的判断」を行う。

住民訴訟の対象とされている損害賠償請求権等を放棄する議決は、個々の事案ごとに、財務会計行為等の性質、内容、原因、経緯及び影響、当該議決の趣旨及び経緯、当該請求権の放棄又は行使の影響、住民訴訟の係属の有無及び経緯、事後の状況その他の諸般の事情を総合考慮して、これを放棄することが普通地方公共団体の民主的かつ実効的な行政運営の確保を旨とする法の趣旨等に照らして不合理であり議会の裁量権の範囲の逸脱又はその濫用に当たるときは、その議決は違法・無効となる。そして、当該公金の支出等の財務会計行為等の性質、内容等については、その違法事由の性格や当該職員又は当該支出等を受けた者の帰責性等が諸般の事情の総合考慮による判断枠組みを採る必要がある。

第7章　行政と住民

5　地方自治体における情報公開

■情報公開請求手続の流れ

出典：富士市ホームページ
http://www.city.fuji.shizuoka.jp/shisei/c0801/fmervo000000ga4a.html

前提となる基礎知識

①背景となる事実

　我が国では、昭和57年、山形県金山町で公文書公開条例が制定されたのを契機に、情報公開条例を制定する地方公共団体が相次ぎ、地方が国に先行する形で情報公開の制度化が進んできた。

　総務省の情報公開条例（要綱等）の制定状況調査によれば、平成21年4月現在、都道府県と市区町村を合わせた地方公共団体全体（1,847団体）のうち1,842団体が条例を制定しており、制定率は99.7%となっている。

　他方、国では平成11年に行政機関の保有する情報の公開に関する法律（いわゆる情報公開法）が制定され、平成13年4月より施行されている。このように制度化は地方に遅れたものの、情報公開法の内容は、請求者を「何人も」とし、公文書を「組織共用文書」とするなど、情報公開に前向きな規定が多く見られる。

　ただし、対象となる行政機関については、国の機関に限定している。立法政策としては、地方公共団体を対象に含めることは可能であるが、地方公共団体が先行的に情報公開条例を制定してきた経緯や地方自治の尊重等に配慮して、そのような形はとらず、各地方公共団体の保有する情報の公開については、各地方公共団体の条例に委ねている。

　そこで、地方公共団体における情報公開の一例として、千葉市における情報公開制度を取り上げ、情報公開の中心である公文書開示制度の概要を見ていく。

2 千葉市における公文書開示の状況

開示請求の件数は平成22年度に400件台から200件台へと大幅に減少し、平成23年度には前年度より増加したものの、その後は200件台で推移している。また、平成22年度から、全部開示決定の割合が減少している。これは、平成22年度ごろより、市全体として積極的な情報提供を推進し、不開示情報の含まれていない公文書については、できるだけ情報提供を行うこととしている結果と考えられる。このことからも、公文書開示制度と情報提供制度は、表裏一体の関係にあることがうかがえる。

(単位:件)

年度	開示請求件数	処理件数							月平均請求件数
		計	全部開示決定	部分開示決定	不開示決定			取下げ	
					不開示情報	不存在等	小計		
21	409	480	153	152	6	55	61	114	34.1
22	241	268	55	147	12	25	37	29	20.1
23	338	401	96	211	18	40	58	36	28.2
24	252	284	52	159	6	28	34	39	21.0
25	211	236	40	149	4	26	30	17	17.6

※ 1件の開示請求に対し複数の決定が行われる場合や複数の開示請求に対し1件の決定が行われる場合があるため、開示請求件数と処理件数とは、必ずしも一致しない。
(出典:平成25年度千葉市の情報公開・個人情報保護運用状況報告書)

1 情報公開条例

ここでは、千葉市情報公開条例(以下「条例」という。)の全体像を示す。

条例の大きな柱は、「公文書開示制度」と「情報提供などの情報公開の総合的な推進」である。

第7章 行政と住民

チャート図 千葉市情報公開条例（平成12年千葉市条例第12号）

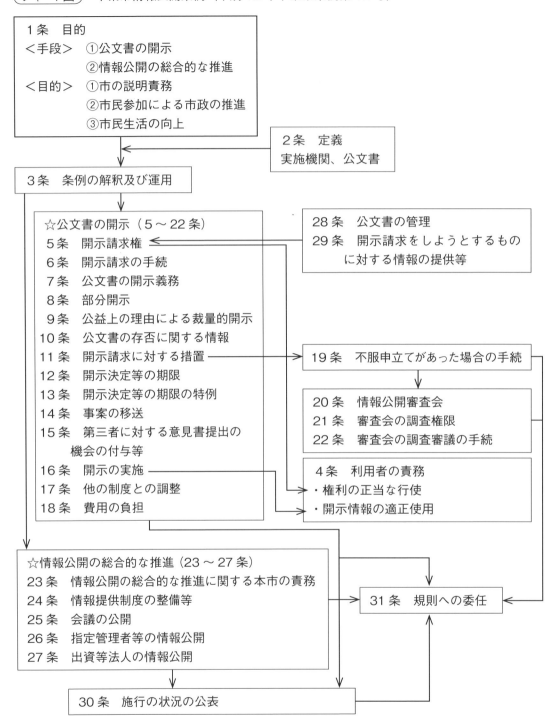

2 公文書開示制度の概要

情報公開の中心的役割を担う公文書開示制度の手続は、開示請求者が、実施機関に対し公文書の開示を請求し、これを受けた実施機関が、開示・不開示等の決定を行うものである。

なお、実施機関の決定に、不服のある請求者は、不服申立てを行うことができ、これがなされた場合、実施機関は、情報公開審査会に諮問を行うこととされている。

以下では、公文書開示制度について、千葉市情報公開条例を例にして条文ごとに概説する。

(1) 実施機関（条例２条１項）

情報公開事務を処理する独立した単位であり、市長、消防長、各行政委員会、監査委員、病院事業管理者、議会とされている。

(2) 公文書（条例２条２項）

「実施機関の職員が職務上作成し、又は取得した文書、図画及び電磁的記録であって、当該実施機関の職員が組織的に用いるものとして、当該実施機関が保有しているものをいう。」と規定されており、作成又は取得に関与した職員個人の段階のものではなく、当該実施機関の組織において業務上必要なものとして利用・保存されている状態のもの（組織共用文書）がこれに該当する。したがって、こうした文書であれば、決裁・供覧等の手続を経ていないものや、保存期間を経過したものも開示請求の対象となる。これに対し、職員が自己の執務の便宜のために保有する正式文書の写しや職員の個人的な検討段階にとどまる資料等は、組織共用文書に該当しないため対象とならない。

(3) 開示請求者（条例５条）

「何人も…（中略）…開示を請求することができる。」と規定されており、開示請求者には、日本国民や外国人といった自然人のみならず、法人や自治会等の法人格はないが当該団体の規約及び代表者が定められているものも含まれる。

なお、自治体によっては、開示請求者を住民に限定している場合もあるが、情報化の進展や経済活動の広域化などにより市政に利害関係や関心を有しているものは住民に限られなくなっていることや、市域を超えた情報の流通が結果として「市民生活の向上」につながることから、本条例では開示請求者を市民に限定していない。

(4) 開示請求の手続（条例６条）

開示請求は、氏名及び住所、公文書の件名又は内容などを記載した書面（開示請

求書）を実施機関に提出して行う。

　なお、公文書開示制度は、情報の公平な入手を保障するのであり、請求者固有の事情により開示の範囲が異なることは許されないことから、公文書の特定等に必要な場合を除き、請求の理由・目的などの個別的事情は、条例上、必要的記載事項とされていない。

(5) 公文書の開示義務（条例7条）

　実施機関は、公文書に次の①〜⑥の不開示情報が記録さている場合を除き、原則として公開しなければならない。

①法令秘情報：法令又は他の条例により公にすることができない情報

②個人情報：個人に関する情報で、特定の個人が識別されるもの
　　ただし、以下のア〜ウの情報は除かれる。

ア　法令・他の条例又は慣行で、公にされ、又は公にすることが予定されている情報

イ　人の生命、健康、生活又は財産を保護するため、公にすることが必要と認められる情報

ウ　公務員等の職務の遂行情報のうち、公務員等の職及び職務遂行の内容に係る部分

③法人等情報：法人等に関する情報又は事業を営む個人の当該事業に関する情報で、公にすることにより、その法人等又は当該個人の権利、競争上の地位その他正当な利益を害するおそれのあるものなど
　　ただし、人の生命、健康、生活又は財産を保護するため、公にすることが必要であると認められる情報は除かれる。

④公共安全維持情報：公にすることにより、公共の安全と秩序の維持に支障が生ずるおそれがある情報

⑤審議・検討・協議情報：公にすることにより、市等の意思決定の中立性が不当に損なわれるおそれなどがある情報

⑥事務事業執行情報：公にすることにより、市等の事務又は事業の公正又は円滑な遂行の確保に著しい支障を及ぼすおそれ等がある情報

(6) 部分開示（条例8条）

　公文書の一部に不開示情報が記録されている場合でも、①不開示情報が記録されている部分を容易に区分して除くことができ、かつ、②区分して除くことにより当

該開示請求の趣旨が損なわれることがないときは、当該不開示情報以外の部分を開示しなければならない。

(7) 開示請求に対する措置（条例 11 条）

開示請求は権利の行使であるから、実施機関には、これに対する応答の義務が生じる。そのため、実施機関は、開示・不開示の決定をし、その旨及び開示の場合はその実施に関し必要な事項を、書面（決定通知書）により通知しなければならないとされている。

また、不開示・部分開示の場合、申請に対する拒否処分であることから、理由を通知書に付記しなければならいとされている（千葉市行政手続条例 8 条）。

(8) 開示の実施（条例 16 条）

公文書の開示は、文書又は図画については閲覧又は写しの交付でその種別に応じて規則で定める方法により、電磁的記録についてはその種別、情報化の進展状況等を勘案して規則で定める方法により行う。

(9) 不服申立てがあった場合の手続（条例 19 条）

実施機関が行った開示等の決定は行政処分であることから、この決定に対し不服がある者は、行政不服審査法により不服申立てを行うことができる。

不服申立てがあった場合、原則として、実施機関は情報公開審査会に諮問しなければならないとされている。

(10) 情報公開審査会（条例 20 条～22 条）

情報公開審査会は、市長の附属機関として設けられた 7 人以内の委員で組織する合議制の機関であり、第三者的立場から実施機関の決定の適法性又は当・不当を審査することにより、公文書開示制度の公正かつ民主的運営を確保しようとするものである。

【参考文献】 情報公開法の理論・宇賀 11 頁
情報公開条例（要綱等）の制定状況調査・総務省
平成 25 年度千葉市の情報公開・個人情報保護運用状況報告書
情報公開事務の手引・千葉市

第7章 行政と住民

3 公文書開示請求書及び部分開示決定書

(1) ここでは、開示請求を行う際に使用する書式である、公文書開示請求書を示す。

様式第1号

公 文 書 開 示 請 求 書

平成○○年○月○日

あて先（実施機関の名称）
　　　千葉市長

請求対象文書を保有する実施機関を記載します。

請求者　氏　名（法人その他の団体にあっては名称及び代表者の氏名）
　　　　　　　㈱　○○○　代表取締役　○○○○

市民以外の日本人は勿論、外国人や法人及び権利能力なき社団も請求者となれる。

　　　　　住　所（法人その他の団体にあっては事務所又は事業所の所在地）
　　　　　　　〒○○○-○○○○千葉市○区○○町○丁目○番○号
　　　　　連絡先電話番号　　　　　　　　　担当
　　　　　○○○-○○○-○○○○　　　　　○○○○
　　　　　連絡先電子メールアドレス
　　　　　　　　　　　＠

千葉市情報公開条例第6条の規定により、次のとおり開示請求します。

公文書の件名又は内容	平成○年○月○日から平成○年○月○日までの○○課の食糧費の支出の状況がわかる文書

公文書の件名がわからない場合は、内容を記載。ただし、対象文書を特定できない場合は、実施機関から補正を求められます。

［任意記載事項欄］（公文書を開示する旨の決定がなされた際にも申し出ることができます。）

希望する開示の方法 （希望する開示の方法を○で囲んでください。）	1　閲覧、視聴又は聴取 ②　写しの交付 〔（1）窓口における交付　（②）郵送による交付〕

［処理欄］（記入しないでください。）

所管課	受付年月日	所管課収受年月日	備　考
○○○○　局 ○○○○　部 ○○○○　課 電話○○○-○○○-○○○○	受付場所		

日付及び受付場所の記載されたスタンプが押されます。この日付は、開示決定の起算日となります。

5　地方自治体における情報公開

(2)　ここでは、部分開示決定を請求者に通知する際に使用する書式を示す。

> 理由付記の趣旨は、①実施機関の判断の慎重と公正妥当を担保し恣意を抑制すること、②相手方に不服の申立ての便宜を与えることにある。このような趣旨にかんがみれば、付記すべき理由としては、いかなる事実関係に基づきいかなる法規を適用して決定がなされたかを、請求者においてその記載自体から了知しうるものでなければならない。（最判昭60・1・22参照）

様式第3号　　　　　　　　　　　　　　　　　　　　　千葉市　　　第　　　号

部 分 開 示 決 定 通 知 書

　　　　　　　　　　　　　　　　　　住　所
　　　　　　　　　　　　　　　　　　氏　名　　　　　　　　　　　　　様

　　　　年　　月　　日付けの開示請求について、千葉市情報公開条例第11条第1項の規定により次のとおり公文書の一部を開示することを決定したので通知します。

　　　年　　月　　日

　　　　　　　　　　　　　　　　　　（実施機関）千葉市長　○　○　○　○　㊞

> 決定日が記載されます。

公文書の件名	平成○○年度　○○報告書
開示しないこととした部分とその理由	千葉市情報公開条例第7条第2号該当 　報告書中の個人の氏名及び肩書は、個人に関する情報であって、特定の個人を識別することができるものであり、同号ただし書のいずれにも該当しないため
求めることができる開示の方法と写しの作成に要する費用の見込額	(1)　閲覧　　　　　　　　　　　　　　無料 (2)　用紙に複写（出力）したものの交付 100円 　　　　　　　　　　　　　　　　（A4判10枚）
公文書の開示を行う日時及び場所	日時　平成○○年○○月○○日（○）　　○時○分 場所
郵送料の見込額	平成○○年○○月○○日（○）　　○時○分
開示の方法等の申出に関する事項	この通知のあった日の翌日から起算して30日以内に、別紙「開示方法等申出書」により、希望される開示の方法等の申出を行ってください。申出期間を過ぎた場合は、開示を受けることができません。
所　　管　　課	（〒○○○-○○○○）千葉市中央区千葉港1番1号 千葉市○○局○○部○○課　担当　○○係　○○ 電話番号　○○○-○○○-○○○○
備　　　　考	

1　この決定に不服がある場合には、この決定があったことを知った日の翌日から起算して60日以内に、千葉市長に対して異議申立てをすることができます。
2　この決定の取消しを求める訴訟は、この決定があったことを知った日の翌日から起算して6箇月以内に、千葉市を被告として提起することができます。

> 実施機関が特定した対象文書名が記載されます。

> 行政不服審査法57条により、「不服申立てをすべき行政庁及び不服申立てをすることができる期間」が教示されています。

> 行政事件訴訟法46条により、「取消訴訟の被告とすべき者及び出訴期間」が教示されています。

column ⑨ 個人情報保護制度

1 個人情報保護法制の整備の背景と経緯

個人情報のコンピュータ処理の進展に伴い、欧米では、情報漏えい等によるプライバシー侵害等への不安が高まり、1970年代前半頃から、各国で個人情報保護法が制定された。そうした中、1980年に、OECD（経済開発協力機構）の理事会において「プライバシー保護と個人データの国際流通についてのガイドラインに関する勧告」が採択された。

OECDの加盟国である日本でも、貿易に与える影響などから、個人情報保護法制の整備が叫ばれ、1988年に、公的機関を対象とした「行政機関の保有する電子計算機処理に係る個人情報の保護に関する法律」が制定され、その翌年には、通商産業省により「民間部門における電子計算機処理に係る個人情報の保護に関するガイドライン」が策定された。しかし、前者には罰則規定がなく、後者には法的拘束力がないなどの問題が指摘されていた。その後、住民基本台帳ネットワークの稼動や、個人情報大量漏えい事件の多発といった社会的背景から、個人情報の保護が一層叫ばれるようになり、2003年ようやく「個人情報の保護に関する法律」を始めとする個人情報保護関連5法が制定された。

これに対し、地方では、国に先行する形で個人情報保護法制の整備が進められていた。その先駆けは、1975年、東京都国立市で制定された「電子計算組織の運営に関する条例」である。ただ、この条例は、コンピュータ処理した個人情報だけを対象としたものであった。その後、1984年、福岡県春日市でマニュアル処理した個人情報までも対象とした「個人情報保護条例」が制定され、以降、個人情報保護条例を制定する地方公共団体が相次ぎ、現在では、全ての都道府県・市区町村で個人情報保護条例が制定されている。

2 個人情報保護に関する法体系

我が国の個人情報保護法制度は、個人情報の保護に関する一般法である「個人情報の保護に関する法律」（個人情報保護法）、「行政機関の保有する個人情報の保護に関する法律」（行政機関個人情報保護法）及び「独立行政法人等の保有する個人情報の保護に関する法律」（独立行政法人等個人情報保護法）と、各地方公共団体における個人情報保護条例などにより構成されている。

中でも、個人情報保護法は、公的部

column ⑨ 個人情報保護制度

門と民間部門に共通した基本法制を担うほか、その下に位置づけられる一般法制のうち民間事業者（個人情報取扱事業者）についても規定している。

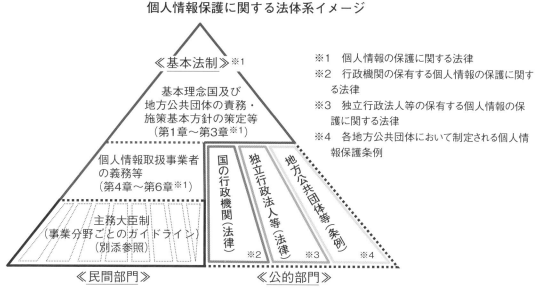

出典：消費者庁ホームページ　http://www.caa.go.jp/seikatsu/kojin/houtaikei.pdf

このように個人情報を保有する活動主体ごとに法律や条例が定められ、自己の個人情報の開示、訂正、利用停止を請求する権利が認められている。

このため、個人情報の開示、訂正、利用停止が請求された場合、国や都道府県・市区町村の実施機関は、それぞれの法律や条例に従い、この請求に応える義務を負うこととなる。

そこで、次に、地方公共団体に対しなされた個人情報の訂正請求について、それを拒否した処分の適法性が問題となった判例を示す。

3　個人情報保護条例に基づく訂正請求に関する判例

判例　最判平成18・3・10（個人情報非訂正決定処分取消請求事件）

【事実】

Xは、京都市個人情報保護条例（平成5年京都市条例第1号。平成16年京都市条例24号改正前）の規定により、国民健康保険診療報酬明細書（本件レセプト）の開示を受けたが、本件レセプトに記録されたXの受けた診療に関する情報の内容に事実についての誤りがあるとして、同条例の規定に基づき

column ⑨　個人情報保護制度

京都市長に対し訂正請求をした。

これに対し、京都市長は、京都市には本件レセプトを訂正する権限がなく、市長には本件訂正請求につき調査する権限がないことを理由として訂正しない旨の処分をしたことから、Xが処分の取消しを求めた。

【争点】

第三者が作成した文書について訂正請求がなされたが、個人情報保護条例に訂正請求について、実施機関が訂正権限を有する場合に限られる旨の明文規定が置かれていない場合に、実施機関が訂正権限を有しないことを理由に請求に応じないことは適法か。

【判旨】

(1)　京都市個人情報保護条例の定める訂正請求の制度は、基本的に、同条例に基づいて開示を受けた自己の個人情報の内容に事実についての誤りがあると認める者に対し、その訂正を請求する権利を保障することにより、市の管理する誤りのある個人情報が利用されることによる個人の権利利益の侵害を防止することを趣旨目的として設けられたものと解される。そして、同条例は、訂正請求があったときは、実施機関が必要な調査をした上、当該請求に係る個人情報の訂正をする旨又はしない旨の決定をしなければならないとしているものの、実施機関に対してそのために必要な調査権限を付与する特段の規定を置いておらず、実施機関の有する対外的な調査権限におのずから限界があることは明らかである。

(2)　①　本件レセプトは、国民健康保険法に基づく療養の給付に関する費用を請求するために、診療報酬請求書に添付される明細書として、保険医療機関が自ら行ったとする診療の内容を記載して作成し、療養の給付に関する費用の請求の審査及び費用の支払に関する事務を市から委託された京都府国民健康保険団体連合会（連合会）に提出したものであること、②　連合会による審査の後に本件レセプトを取得した市は、これに基づき、連合会を通して保険医療機関に対して診療報酬の支払をしていること、③　市においては、その支払の明細に係る歳入歳出の証拠書類として本件レセプトを保管しているものであること、が認められる。上記の事情を踏まえると、保険医療機関が自ら行った診療として本件レセプトに記載した内容が実際のものと異なることを理由として、実施機

関が本件レセプトに記録されたXの診療に関する情報を誤りのある個人情報であるとして訂正することは、保険医療機関が請求した療養の給付に関する費用の内容等を明らかにするという本件レセプトの文書としての性格に適さないものというべきである。

(3) 市において、実施機関の収集した個人情報が、当該実施機関内で個人情報を取り扱う事務の目的を達成するために必要な範囲内で利用されるものとして管理されることは、同条例8条1項の規定に照らして明らかであるところ、本件レセプトについての上記保管目的からすると、本件レセプトに記録されたXの診療に関する情報は、本件訂正請求がされた当時、市においてXの実際に受けた診療内容を直接明らかにするために管理されていたものとは認められず、Xの権利利益に直接係るものということは困難であると考えられる。

(4) 実施機関が有する個人情報の訂正を行うための対外的な調査権限の内容にもかんがみれば、本件条例は、このような場合にまで、Xの実際に受けた診療内容について必要な調査を遂げた上で本件レセプトにおけるXの診療に関する情報を訂正することを要請しているとはいい難いと考えられる。

(5) 以上の諸点に照らすと、本件レセプトのXの診療に関する記載を訂正することは、本件条例の定める訂正請求の制度において予定されていないものということができるから、京都市長が本件処分をしたことが違法であるということはできない。

【解説】

○本判決の要旨

本判決は、個人情報の訂正請求制度の趣旨と訂正手続における対外的な調査権限の限界を指摘。その上で、本件レセプトの文書としての性格や市の保管目的等に照らし、本件条例による訂正請求制度が、記載の訂正をも要請するものか否かという観点から検討し、本件レセプトのXの診療に関する記載の訂正は、本件条例の予定するところではなく、本件処分が違法であるということはできない。

○原判決の要旨

原判決は、本件条例による個人情報の訂正請求制度が、個人情報の内容に事実の誤りがある場合に文書の訂正権限の有無にかかわらず訂正の措置をと

column ⑨ 個人情報保護制度

るべきことを定めているとして、訂正権限がないとの理由で訂正に応じないこと自体が許されないとした。

○本判決の争点に関する見解

本判決の争点である訂正権限を有しないことを理由とする請求拒否処分の適法性については、「訂正」の意義をいかに捉えるかと関連して、次の見解に整理されている。

① 訂正権限がある場合に限り、訂正すべきであるとする見解（京都市主張同旨）

この見解は、「訂正」の意義を文理に即して理解し、文書の記載自体の訂正と捉える。

しかし、この見解に立った場合、第三者が作成した文書については、実施機関は通常その権限を有しないことから、訂正請求の認められる場合が著しく限定され、訂正請求制度の趣旨が没却されることが懸念されている。

② 訂正権限の有無にかかわらず、訂正すべきであるとする見解（原判決同旨）

この見解は、「訂正」の意義を、文書の記載自体の訂正ではなく、「訂正の措置」（例えば、誤りであることを付記すること）と捉える。

しかし、この見解における「訂正の措置」の内容自体が不明確であり、このような措置を求める権利を条例が創設したとすることには疑問が投げかけられている。

また、訂正権限がない場合にも訂正請求への対応を義務付けられる実施機関の事務負担も懸念されている。

○本判決の位置づけ

本判決は、争点について、一般的な判断を示すことなく、本件レセプトの文書としての性格や保管目的などを考慮し、本件に必要な範囲で事例判断したものと捉えられている。

なお、本判決には、本件条例に基づいてXの診療に関する記載の訂正はできないとしつつ、実施機関には、誤りがあることを当該文書に注記するなどして適切な措置をとるなど運用が求められるとする滝井裁判官の補足意見が付されている。

4 社会保障・税番号制度と個人情報保護制度

(1) 番号法の制定

上記1で見てきたように、地方では1980年代半ばから、国では2003年から個人情報保護法制が整備され、運用されてきたところであるが、今、国・

地方における個人情報保護制度は大きな変化を迎えようとしている。

それは、社会保障・税番号制度について定める「行政手続における特定の個人を識別するための番号の利用等に関する法律」いわゆる番号法が2003年5月に制定されたより、住民票を有する全ての者に1人1つの個人番号（マイナンバー）が付与され、2016年1月から社会保障、税、災害対策の分野で法律や自治体の条例で定められた行政手続に活用されることとなったからである。

そこで、以下、個人情報保護制度と番号制度の関係を見ていく。

(2) 番号制度導入の効果

個人番号は、複数の機関に存在する個人の情報が同一人の情報であることを確認するために活用されるもので、行政を効率化し、国民の利便性を高め、公平かつ公正な社会を実現する社会基盤として、次の効果が期待されている。

①行政の効率化

行政機関や地方公共団体などで様々な情報の照合や入力などに要している時間や労力が大幅に削減されるとともに、より正確に行えるようになる。

②国民の利便性の向上

添付書類の削減など、行政手続が簡素化され、負担が軽減する。また、情報提供等記録開示システムによる情報の確認や提供などのサービスを利用できるようになる。

③公平・公正な社会の実現

所得や他の行政サービスの受給状況を把握しやすくなり、脱税や不正受給などを防止するとともに、本当に困っている方にきめ細かな支援を行うことができるようになる。

(3) 特定個人情報の保護措置

個人番号は、このような有益な効果をもたらす反面、国家による個人情報の一元管理、個人情報の不正追跡・突合、財産その他の被害等への懸念が示されている。

このため、番号法においては個人情報保護法などの一般法に定められる措置の特例が定められることとなった。

具体的には、個人番号をその内容に含む個人情報を「特定個人情報」と定めた上で、その利用範囲を限定するなどの厳格な保護措置を定めている。

この保護措置は、「特定個人情報の利用制限」、「特定個人情報の安全管理措置等」及び「特定個人情報の提供制限等」の三つに大別される。

column ⑨ 個人情報保護制度

○ 特定個人情報の利用制限
　①個人番号の利用範囲を、社会保障、税及び災害対策に関する特定の事務に限定（番号法9条及び別表1）
　②行政機関等において、行政機関個人情報保護法及び独立行政法人等個人情報保護法で認められている本来の利用目的以外の利用の範囲について、同法の読替え又は適用除外の規定を置き、限定（番号法29条1項及び2項）
　③地方公共団体ついては、行政機関等と同様の適用となるよう、個人情報保護条例の改正等が必要の必要な措置を講ずるよう規定（番号法31条）
　④個人番号利用事務等実施者に対し、必要な範囲を超えた特定個人情報ファイルの作成を禁止（番号法28条）

○ 特定個人情報の安全管理措置等
　①個人番号（生存する個人のものだけでなく死者のものも含む。）について安全管理措置を講ずること規定（番号法12条）。
　②個人番号利用事務等を再委託する場合には委託者による再委託の許諾を要件とするとともに、委託者の委託先に対する監督義務を規定（番号法10・11条）
　③委託者及び再委託者は、個人番号利用事務等実施者になることを明確化（番号法2条12・13項）

○ 特定個人情報の提供制限等
　①特定個人情報の提供について、個人番号利用事務を処理するために必要な場合など一定の事由に限定（番号法19条）
　②特定個人情報の提供を受けることが認められている場合を除き、他人（自己と同一の世帯に属する者以外の者をいう。）に対し、個人番号の提供を求めることを禁止（番号法第15条）
　③特定個人情報の収集又は保管についても、同様の制限を規定（番号法20条）
　④本人から個人番号の提供を受ける場合には、本人確認義務を規定（番号法16条）

(4) 特定個人情報保護評価

　上記の保護措置に加え、番号法は、特定個人情報保護評価という個人のプライバシー等の権利利益に与える影響の予測と保護措置の評価を行う仕組みを創設することにより、番号制度における国民の安心・安全の確保を図っている。（番号法27条）

(5) 番号制度が地方公共団体の個人情報保護制度に与える影響

　前述のように、地方公共団体は、「個人番号の保護措置」や「特定個人情報

保護評価」の実施が義務付けられるほか、個人情報の開示・訂正・利用停止請求といった本人関与のしくみについても、必要な措置を講ずるものとされている。(番号法31条)

これにより、地方公共団体では、現行条例の改正または新条例の制定により、特定個人情報について、下表のとおり取り扱いが定められることとなる。

番号法により新たに生まれた「特定個人情報」について、条例の規定ぶりをどのようにするのか。制度をどのように運用をしていくのか。地方公共団体の抱える課題は山積みである。

	特定個人情報（情報提供等の記録を除く。）（番号法29条）	情報提供等の記録（注）（番号法30条）
利用目的以外の目的での利用	次の例外を除いて原則禁止 <例外> ①激甚災害時等に金銭の支払を行う場合 ②人の生命、身体又は財産の保護のために必要がある場合であって、本人の同意があり、又は本人の同意を得ることが困難である場合	禁止
提供制限	番号法19条各号に該当する場合に提供できる。	
開示・訂正・利用停止請求	本人、法定代理人、任意代理人による開示・訂正・利用停止請求を認める。 利用停止請求については、以下の場合も認める。 ①利用制限に違反している場合 ②収集・保管制限に違反している場合 ③ファイル作成制限に違反している場合 ④提供制限に違反している場合	本人、法定代理人、任意代理人による開示・訂正請求を認める。 （利用停止請求は認めない）
開示手数料の減免	経済的困難その他特別の理由があると認めるときは、開示請求の手数料を免除	
他の法令による開示の実施との調整	他の法令又は条例の規定に基づき開示することとされている場合であっても、開示の実施の調整は行わない。	
開示・訂正時の事案の移送		禁止
訂正の通知先		総務大臣及び情報照会者又は情報提供者とする。

第7章　行政と住民

column ⑨　個人情報保護制度

5　現代社会における個人情報保護制度の問題点

　国・自治体でも、個人情報保護制度が整備され、人々の間でも、個人情報に関する意識が高まっているが、このことがかえって、自治体の防災や福祉行政の妨げになっているケースが起きている。

　その一つが、最近、都会で増加する孤立死への対策である。いくつかの自治体では、電気・ガス会社と協定を交わし、検針で訪問した担当者が、住民の異変を察知した場合に、自治体に情報提供してもらうといった取り組みを始めた。

　しかし、個人情報保護条例には、自治体が個人情報を収集する場合に原則として本人から収集しなければならないとする制限があり、「本人の同意」など一定の例外事由に該当しない限り、本人以外の者から情報提供を受けることができないのである。

　このことが、多くの自治体において、対策を行う上で足枷となっている。

報照会者及び情報提供者の名称、提供の求め及び提供の日時、特定個人情報の項目等」をいう。(番号法23条参照)

【参考文献】
　個人情報保護法入門・岡村
　地方自治情報管理概要～電子自治体の推進状況～平成21年10月総務
　個人情報保護法の解説・園部
　Q＆A個人情報保護法・三上、清水、新田
　判タ1210号(2006.8.1)61頁
　内閣官房ホームページ「マイナちゃんのマイナンバー解説」
　特定個人情報の適正な取扱いに関するガイドライン(行政機関等・地方公共団体等編)
　特定個人情報保護委員会ホームページ「特定個人情報保護評価について(概要版)」
　自治体職員のための番号法解説

（注）「情報提供等の記録」とは、番号法第19条第7号の規定により情報提供ネットワークシステムを使用して特定個人情報の提供の求め又は提供があった場合に、情報提供ネットワークシステムに接続されたその者の使用する電子計算機に記録することとされている「情

6　国民健康保険料の滞納処分

■国民健康保険被保険者証の様式

（表　面）

```
国民健康保険        有効期限　　年　　月　　日
被 保 険 者 証

  記　号                    番　号
  氏　名                    性　別
  生　年　月　日                    年　　月　　日
  資格取得年月日                    年　　月　　日
  交　付　年　月　日                    年　　月　　日
  世帯主氏名
  住　所
  保険者番号          ┌──┬──┬──┐
                      └──┴──┴──┘
  保険者名                                      印
```

（裏　面）

```
注意事項　保険医療機関等において診療を受けようとするときは、必ずこの証を
　　　　　その窓口で渡してください。
備　考　[                                              ]

※　以下の欄に記入することにより、臓器提供に関する意思を表示することができ
　　ます。記入する場合は、1から3までのいずれかの番号を○で囲んでください。
1．私は、脳死後及び心臓が停止した死後のいずれでも、移植の為に臓器を提供します。
2．私は、心臓が停止した死後に限り、移植の為に臓器を提供します。
3．私は、臓器を提供しません。
《1又は2を選んだ方で、提供したくない臓器があれば、×をつけてください。》
　　　　　　　　　　　　　　【 心臓・肺・肝臓・腎臓・膵臓・小腸・眼球 】
〔特記欄：                                                          〕
署名年月日：　　　年　　月　　日
本人署名（自筆）：　　　　　　　　家族署名（自筆）：
```

前提となる基礎知識

　我が国では、昭和33年に国民健康保険法が制定され、昭和36年に全国の市町村で国民健康保険事業が始まった。これにより、当時、無保険者であった約3,000万人が国民健康保険の被保険者となり、「誰でも」「どこでも」「いつでも」保険医療を受けることができる国民皆保険体制が確立した。

この国民健康保険事業を運営する保険者は、市町村及び特別区と国民健康保険組合であり、全世帯の4割にあたる約2,200万世帯、約3,800万人が国民健康保険に加入している。

（平成24年度末現在）

	保険者数	世帯数	被保険者数	1世帯当たり被保険者数
		千世帯	千人	人
市区町村	1,717	20,253	34,658	1.71
国民健康保険組合	164	1,443	3,020	2.09
合計	1,881	21,696	37,678	1.74

（厚生労働省：「国民健康保険事業年報 平成24年度」を基に作成）
http://www.e-stat.go.jp/SG1/estat/GL08020103.do

1 自治体における国民健康保険料（税）の収納状況

　国民健康保険制度発足当時、被保険者は農林水産業及び自営業者が中心であったが、他の医療保険に属さないすべての人が加入できる制度であるため、近年は非正規労働者や、無職者（主に年金受給者）の世帯が増加し、全体の約7割を占めるに至っている。

（単位：％）

総数	農林水産業	その他の自営業	被用者	その他の職業	無職
100.0	2.8	14.7	35.2	4.0	43.4

（厚生労働省：「国民健康保険実態調査 平成24年度」を基に作成）
http://www.e-stat.go.jp/SG1/estat/GL08020103.do

　このような世帯にとって、保険料（税）は軽減されるものの、その負担感は重く、滞納するケースが増加している。そのため、各自治体では保険料の収納率が低下し、これが、国民健康保険事業の財政を悪化させる一因となっている。
　ここでは、一例として、千葉市における国民健康保険料の収納率の推移を示す。

（単位：％）

区　分	18年度	19年度	20年度	21年度	22年度
現　年　分	88.6	88.6	86.4	85.6	85.8
滞納繰越分	19.8	22.0	19.8	15.7	15.4
全　体	76.2	76.3	71.4	69.3	68.8

出典：「千葉市国民健康保険事業財政健全化に向けたアクションプラン 12頁」
http://www.city.chiba.jp/hokenfukushi/kenkou/hoken/plan.html

> 全国の自治体では、収納率向上を図るため、さまざまな対策を講じているが、その中でも、国民健康保険料（税）には、裁判手続を経ずに、強制的に滞納保険料を徴収する手段（滞納処分）が認められており、これが滞納対策の最終手段として重要な役割を果たしている。
> なお、国民健康保険事業に要する費用については、国民健康保険法76条により、国民健康保険料と国民健康保険税の二つが規定されており、どちらにするかは、保険者の選択による。
> 以下、国民健康保険料の場合を例にして、記述する。
> ②滞納処分の根拠規定
> 滞納処分とは、督促してもなお税金等を納付しない者に対し、国や地方公共団体が行う強制徴収手続の総称である。
> 税は、国や地方公共団体の収入の大部分を占め、その徴収には大量性・反復性があり、徴収のために煩雑な手続を要するとすれば、効率的な行政の執行を妨げるおそれがあるため、滞納債権を債権者自らが強制手段により実現させる「自力執行力」が付与されており、この「自力執行力」は、国税徴収法により滞納処分として具体化されている。
> この滞納処分の手続は、地方税法をはじめとする公租公課の徴収に関する法令のいくつかに準用されており、国民健康保険料も、その一つである。

1 滞納処分の流れ（国税徴収法47条以下）

滞納処分は、「財産の差押え」、「財産の換価」、「換価代金等の配当」という一連の手続であるが、これに先立ち、督促が、差押えの前提要件として行われる。また、必要に応じて財産の調査が行われる場合がある。そこで、督促及び財産の調査も含め、それぞれの概要を以下に示す。

督促 ⇨ （財産の調査）⇨ 財産の差押え ⇨ （交付要求）⇨ 財産の換価 ⇨ 配当

滞納処分

2 督促

督促とは、納期限を過ぎても納付がない場合に、滞納処分の前提として、期限を指定してその納付を催告する要式行為であり、督促状という書面で行わなければならないとされている。

一例として、千葉市の国民健康保険料の督促状を示す。

第7章　行政と住民

様式　督促状

```
　　　　　　　　（表）
　　　　　督　促　状

下記の金額がいまだ未納になっておりますので、
同封の納付書にて納付指定期限までに納付して
ください。
　　　　　年　　　月　　　日
　　　　　千葉市　　　　　区長　　印

　　　　　年度　国民健康保険料
被保険者番号
```

期（月）	期	月
一般被保険者 国民健康保険料	円	円
退職被保険者等 国民健康保険料	円	円
合計金額	円	円

3　財産の調査

徴収職員には、差押えを行うために、差押えの対象となる財産の存否やその価値を調べる権限が与えられている。

これには、任意調査である「質問及び検査」と、強制調査である「捜索」の2つの形態がある。

(1)　質問及び検査（国税徴収法141条）

滞納処分のため滞納者の財産を調査する必要があるときは、その必要と認められる範囲内において、滞納者等に質問し、又はその者の財産に関する帳簿書類（電磁的な記録を含む。）を検査することができるとされている。

(2)　捜索（国税徴収法142条）

滞納処分のため必要があるときは、滞納者の物又は住居その他の場所につき捜索することができる。また、一定の場合には、第三者の物又は住居等も捜索できるとされている。

4　財産の差押え

差押えとは、滞納者の意思に関わりなく、滞納者の財産について、法律上又は事実上の処分を禁止し、公売その他の方法により金銭に換価できる状態に置く強制的

な処分である。

(1) **差押えの要件（地方税法331条1項1号）**

国民健康保険料の滞納処分の場合、滞納者が督促後10日以内に保険料を完納しないときに、差押えが行われることになる。

(2) **差押えの効力の主なものは、以下のとおりである。**

①処分禁止の効力：差押財産について、法律上又は事実上の処分を禁止する効力

②時効中断の効力：差押えに係る保険料の消滅時効を中断する効力

③相続等があった場合の効力：差押え後に滞納者が死亡しても、相続人に対し滞納処分を続行できる効力

(3) **差押えの制限（差押えしてはいけない財産）**

差押えは、滞納者及び第三者の権利に重大な影響を与えることから、次の財産への差押えについては制限がなされている。

①無益な差押えに当たるもの（国税徴収法48条2項）

滞納保険料に優先する債権があるため換価しても配当が見込まれない財産

②一般の差押禁止財産（国税徴収法75条）

生活に欠くことができない衣服・寝具や、生活に必要な3か月間の食料など

③給与の差押禁止（国税徴収法76条）

生活の維持に必要な一定の範囲の給料の金額

④国税徴収法以外の法律が差押えを禁止しているもの

公的な保護・援護として支給された金品（生活保護法58条など）

⑤国外に所在する財産（債権は第三債務者の所在地で判定）

⑥事実上「財産」とは認められないもの

(4) **差押手続の概要は、以下のとおりである。**

①徴収職員による「差押調書」の作成

②「差押調書（謄本）」「差押通知書」「差押書」の交付

③差押えの登記（登録）嘱託：（不動産・自動車の場合）

④占有：客観的な事実上の支配下におくこと（引渡しや、滞納者等に保管させて封印や公示書（貼紙）によって差し押さえたことを明示して行う。）

5　交付要求と参加差押

交付要求と参加差押は、滞納者の財産について強制換価手続（滞納処分や、裁判所が行う強制執行、担保権実行としての競売、破産手続）が開始されている場合に、

その手続に参加して配当を受ける制度である。

交付要求と参加差押をあわせて広義の「交付要求」と呼ぶこともあり、両者には本質的な違いはないが、要件・手続・効力などに差異がある。

	交付要求 （地方税法331条4項、国税徴収法82条）	参加差押 （地方税法331条5項、国税徴収法86・87条）
要件	①強制換価手続が行われたこと ②交付要求する保険料の納期が到来していること	①滞納処分による差押えが開始されていること ②参加差押する保険料について差押えの要件を具備していること
対象財産	全ての財産	①動産及び有価証券 ②不動産、船舶、航空機、自動車、建設機械及び小型船舶 ③電話加入権
手続	①強制換価手続の執行機関への交付要求書の交付 ②滞納者への通知 ③質権者等への通知	①滞納処分による差押え行政機関への参加差押書の交付 ②滞納者への通知 ③質権者等への通知 ④電話加入権については、第三債務者（電話会社）への通知 ⑤登記・登録制度のある財産は、参加差押登記（登録）の関係機関への嘱託
効力	①換価代金から配当を受けられる。 ②消滅時効が中断 ③強制換価手続が失効すると交付要求も失効	①換価代金から配当を受けられる。 ②消滅時効が中断 ③先行差押えが失効すると参加差押は差押えに移行（上昇）

6　財産の換価

(1) 換価の意義

換価とは、差押財産を強制的に金銭に換える強制手続である。

差押財産は、金銭や一定の債権などを除き換価しなければならないとされている（国税徴収法89条）。

(2) 換価の方法

原則として公売がとられるが（国税徴収法94条）、公売が適当でないなどの場合には、随意契約による売却ができる（国税徴収法109条）。

公売には「入札」と「せり売り」があり、一般的に、不動産は入札で、動産はせり売りとなる。また、入札は、他者の入札価格を知り得ない状況で行うのに対し、

せり売りは他者の買受申込価額を知り得る状況で行われる。

(3) **公売手続の概要は、以下のとおりである。**

①公売公告（国税徴収法95条）

原則として公売日10日前までに公売財産、公売の方法・日時・場所、売却決定日時・場所、代金納付期限等を公告しなければならない。

②公売の通知（国税徴収法96条）

公告事項と滞納額を、滞納者、交付要求者及び担保権者に通知する。

③見積価額の決定及び公告（国税徴収法98・99条）

④公売保証金の提供（国税徴収法100条）

公売財産の参加者から、公売保証金（見積価額の10％以上の額）の提供を受ける。

⑤最高価申込者の決定（国税徴収法104条・104条の2）

最高価額を入れた人を最高価申込者として定める。入札の場合は、2番目に高い価額を入れた者から次順位による買受けの申込みがあるときは、その者を次順位買受申込者として定める。

⑥入札結果（最高申込者等）の通知・公告（国税徴収法106条）

不動産・自動車など（動産以外）の場合は、最高価申込者の氏名、価額、売却決定の日時及び場所を、滞納者、交付要求者及び担保権者に通知し、売却決定の日まで公告する。

⑦売却決定（国税徴収法111条・113条）

最高価申込者に対して、売却決定を行う。

⑧代金納付（国税徴収法115条・116条）

買受人は、売却決定日までに換価財産の買受代金を納付しなければならない。

買受人は代金を納付した時、換価財産の所有権を取得し、換価財産上の担保物権等は消滅する。

7 配当

(1) **配当の意義**

配当とは、配当すべき金銭（差押財産の売却代金、債権などの差押によって第三債務者などから給付を受けた金銭など滞納処分に基づいて得た金銭）を、滞納処分費及び滞納債権に充当するとともに、他の債権者に配分し、なお残余があれば滞納者に交付する手続である。

(2) **配当手続の概要は、以下のとおりである。**

①債権額の確認（国税徴収法130条）

配当を受けるべき債権者から提出された債権現在額申立書のほか、登記等の調査により債権額を確認する。

②配当計算書の作成（国税徴収法131・132条）

配当計算書を作成し、債権現在額申立書の提出者、滞納者などにその謄本を発送する。謄本には、発送から原則として7日を経過した日を換価代金の交付期日として記載し、配当を受ける者に告知しなければならない。

③換価代金などの交付（国税徴収法133条）

換価代金等は、この交付期日に配当計算書に従い交付される。

(3) **国税の優先権及び国税と他の債権との調整**

換価代金等が国税その他の債権の総額に不足する場合、国税徴収法2章などに規定する優先劣後の関係に従って、配当すべき順位及び金額を定めて配当される（国税徴収法129条5項）。

原則として、滞納処分にかかる国税が最優先され、次いでその他の国税、地方税及び公課、私債権の順序となるが、納期限・交付要求の前後・担保権の設定時期の前後等により優劣が決せられる。

その結果、国税が他の国税、地方税又は公課（以下「地方税等」という。）及び私債権と競合した場合に、国税は地方税等に優先し、地方税等は私債権に優先し、私債権は国税に優先するといった、いわゆるグルグル回りの状況に陥ることがある。

この場合は国税徴収法26条各号に規定する方法により調整が行われる。

そこで、国税徴収法26条による調整が、争点となった判例を以下に示す。

8 国税徴収法に基づく配当に関する判例

判 例 最判平成11・4・22（配当異議事件）

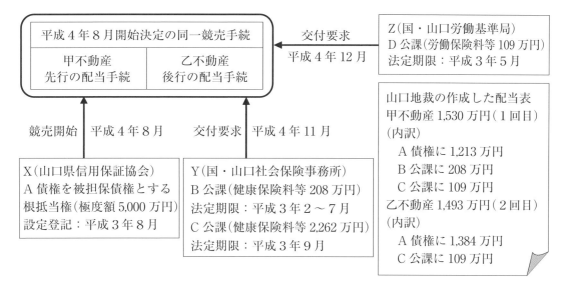

【事実】
① 山口地方裁判所は、XのA債権を被担保債権として設定された根抵当権の目的物である甲・乙不動産について、平成4年8月、競売開始決定をした。その後、右競売手続において、YはB・C公課につき、ZはD公課につき交付要求をした。
② 右競売手続において、まず、甲不動産が売却され、手続費用を除いた配当すべき額約1,530円につき、㈠Xに対し、A債権について約1,213万円が、㈡Yに対し、B公課について約208万円を、C公課について約109万円が配当された。

右配当は、国税徴収法26条の規定の準用により、(1) B～D公課の法定納期限等と根抵当権設定登記の日の先後を比較し、Xの根抵当権設定登記の日に先行する日を法定納期限とするYのB公課約208万円とZのD公課約109万円の合計317万円に相当する金額を公課に充てるべき金額の総額、その余を私債権に充てるべき金額の総額とし（同条2号）、(2) 公課相互間では、交付要求先着手により優先するYの公課に全額を充て（同条3号）、(3) 私債権相互間ではXが他の私債権者に優先するから、Xの債権に全額を充てる（同条4号）との処理をしたものである。
③ 次いで、乙不動産が売却され、手続費用を除いた配当すべき額約1,493万円につき、㈠Xに対し、A債権について約1,384万円を、㈡Yに対し、C公課について約109万円をそれぞれ配当する内容の配当表が作成された。

本件配当表は、前回と同様に、(1)公課の法定納期限等と根抵当権設定登記の日の先後を比較し、Xの根抵当権設定登記の日に先行する日を法定納期限とするZのD公課約109万円に相当する金額を公課に充てるべき金額の総額、残額を私債権に充てるべき金額の総額とし、(2)前者については公課相互間で交付要求先着手により優先するYのC公課に充て、後者については私債権相互間で優先するXの債権に充てることとして作成されたものである。

④ Xは、本件配当表の記載のうち、Y対する配当約109万円の全額について異議の申出をし、配当異議の訴えを提起した。

【争点】

同一の申立てに係る複数の不動産の競売について、先行する配当手続で国税徴収法26条の規定による調整が行われた場合において、配当を受けることができなかった国税、地方税等を後行の配当手続で私債権に優先するものとして取り扱うことの可否

【判旨】

① 同一の申立てに係る複数の不動産の競売について、不動産が順次売却されて配当手続が数次に及び、先行する配当手続で国税徴収法26条の規定による調整が行われた場合において、私債権に優先するものとして国税及び地方税等に充てるべき金額の総額を決定するために用いられながら配当を受けることができなかった国税、地方税等は、後行の配当手続においても再び私債権に優先するものとして取り扱うことができる。

② なぜなら、国税及び地方税は、強制換価手続において他の債権と競合する場合には、別段の規定がない限り、すべての公課その他の債権に優先するものであり（国税徴収法8条、地方税法14条。租税の一般的優先の原則）、国税徴収の例により徴収される公課も、国税徴収法8条の規定の準用により、別段の規定がない限り、私債権に優先するところ、現行法は、国税、地方税等と担保権の設定された私債権との調整を図るために、国税徴収法16条等（地方税法14条の10等）の規定を置いて、私債権が優先する場合を定めているものの、国税徴収法26条を適用したことにより国税、地方税等が再度私債権に優先する結果になることを制限する趣旨の規定を置いておらず、右別段の規定がない以上、租税の一般的優先の原則が適用されると解すべきだからである。

【論点解説】

本判決は、公租公課の再度の優先権の行使を認めたものであるが、多くの下級審も同様の判断をしている。その理由は、次のとおりである。

① 再度の優先権の主張を否定する規定がない。

② 優先する公租公課は、最初の配当において現実に配当を受けたものではないから、後の配当手続において配当を受ける地位にあることを否定できず、その限度で、抵当権者の予測可能性は制約を受けている。

③ 再度の優先権が行使されるのは例外的事態であり、これを防ぐには新たな立法が必要であって、好ましくはないがやむを得ない。

④ 抵当権付私債権者は、債務者に代わって租税債権を納付して（国税通則法41条、地方税法20条の6）、再度の優先権が行使を防ぐことがでる。

これに対し、原審は、少なくとも同一の競売事件においては、法定納期限等を基準として公租公課と私債権の優劣を決するべきであり、再度の優先権の行使は許されないとした。

その理由は、次のとおりである。

① 再度の優先権を肯定すると、担保権設定時における優先公租公課についての担保権者の予測を害することになり、担保権者の予測可能性を確保した国税徴収法15条、16条の趣旨に反する。

② 競売物件が一度に売却・配当された場合には、一度しか優先しないはずの公租公課が、たまたま順次に売却、配当されると、何度も優先するのは不合理である。

【参考文献】知恵蔵 2011
厚生労働省：「国民健康保険事業年報 平成24年度」
厚生労働省：「国民健康保険実態調査 平成24年度」
千葉市国民健康保険事業財政健全化に向けたアクションプラン
やさしい国税徴収法・中野
Q＆A滞納整理の実務と書式・西野
判タ1103号166頁

7 法人（公益法人とNPO法人）

■公益法人等の定款のひな型

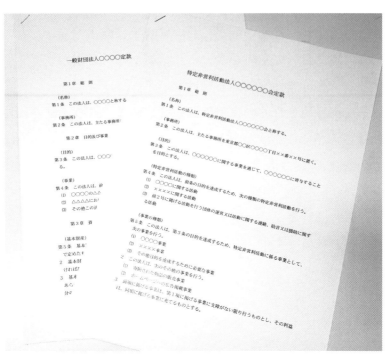

前提となる基礎知識

法人とは何か

法人とは、法によって人格を付与された存在であり、自然人と並んで権利義務の主体となるものである。日本では、法人は法律の規定によらなければ設立することができない。法人の設立は、法人の種類によって細かく分かれている。

設立の法形式	設立される法人の例
特許主義 （法律による。）	日本政策投資銀行等の特殊銀行、都市再生機構等の独立行政法人
許可主義 （主務官庁の自由裁量による。）	旧公益法人
認可主義 （主務官庁に裁量権はなく、法定要件を充足すれば、認可される。）	学校法人、医療法人、社会福祉法人、生活協同組合、農業協同組合等

認証主義 （認証とは、文書の成立・記載が正当な手続きでされたことをいうが、法人の設立の場面では、認可よりも簡易に設立を認めることをいう。）	特定非営利活動法人（NPO法人）、宗教法人
準則主義 （要件を具備すれば当然に法人となる。通常は、登記・登録が必要とされる。）	株式会社、一般社団法人・一般財団法人、労働組合等

また、法人は、営利法人・非営利法人に区分することができる。

営利法人		構成員へ利益分配を予定している法人をいう。会社等
非営利法人	一般社団・財団法人法によって設立されるもの	一般社団法人・一般財団法人 ＊公益認定法により認定された場合には、公益社団法人・公益財団法人
	特別法によって設立されるもの	特定非営利活動法に基づくいわゆるNPO法人、私立学校法に基づく学校法人、医療法に基づく医療法人、社会福祉法に基づく社会福祉法人等

1 公益法人―過去と現在と未来

(1) 明治29年から平成20年（11月30日）までの状況

　公益法人とは、公益に関する社団・財団で、営利を目的としないものである。例えば、祭祀、宗教、慈善、学術、技芸などに関わる事業を行うことが想定されている。その設立は、主務官庁の許可により、その判断は自由裁量によるとされていた。平成8年に閣議決定された「公益法人の設立許可及び指導監督基準」によれば、「公益法人は積極的に不特定多数の者の利益の実現を目的とする者でなければならず、次のようなものは、公益法人として適当でない」とされた。

①　同窓会、同好会など構成員相互の親睦、連絡、意見交換等を主な目的とするもの

②　特定団体・職域の者のみの福利厚生等を主な目的とするもの

③　後援会など特定個人の精神的、経済的支援を目的とするもの

　しかし、こうした基準にもかかわらず、公益法人制度については、次のような問題点が指摘されていた。

・主務官庁の許可主義によって法人格の付与と公益性の判断が一体的なものとし

て行われていた結果、法人設立が容易ではなかった。
- 公益性判断の基準が必ずしも明確ではなく、主務官庁の恣意的判断の余地があった。また、公益性が時代に則して柔軟に見直される仕組みがなかった。
- 社会経済状況や時代の変遷に伴って公益性が失われ、営利事業を営んでいる法人であっても公益法人として存続し続けた。

加えて、行政補完型公益法人の存在がある。これは、国や地方公共団体が本来実施すべき事業を委託等の方法により公益法人に委ねてきたが、こうした委託等の受け皿として国又は地方公共団体が出資・出捐その他の方法により設立に関与し、又は業務を実施するように指定することにより、その業務を補完することを目的とする法人をいう。例えば、地方公共団体がその設置する公の施設の管理を受託する財団法人を設立する場合とか、これまで行ってきた事務事業を委託しあるいは移管するために既存の法人を活用しあるいは新たに設立する場合などがある。また、国においても各種の国家試験や公的資格の試験の実施とその後の認定証の交付、特定の資格保有者に対する研修の実施、法令等に基づく検査検定の実施など様々な事務事業を特定の公益法人に委ねてきた。

これらの法人には業務の委託に伴い委託費が支払われるほか、国又は地方公共団体が補助金等を交付するなどして財政的に支援したり、現職の職員を派遣したり、退職した職員を理事その他の役職に充てることが少なからず行われてきた。このように、行政補完型公益法人は、財務的にも人的にもその設立にかかわった地方公共団体に依存するという特徴を有する。

公益法人は、総務省が各年度に発表していた公益法人白書によれば、大臣の所管するもの及び都道府県知事が所管するものを合計すると、約2万5,000法人を数えていた。

年度	大臣所管の公益法人数	都道府県所管（知事・教育委員会）
平成8年	6,815	19,366
平成9年	6,843	19,526
平成10年	6,809	19,606
平成11年	6,879	19,570
平成12年	7,154	19,284
平成13年	7,143	19,217
平成14年	7,086	19,132

平成 15 年	7,009	18,987
平成 16 年	6,894	18,803
平成 17 年	6,841	18,577
平成 18 年	6,776	18,253
平成 19 年	6,720	18,056

*各年度の 10 月 1 日現在の数

(2) 平成 20 年（12 月 1 日）から平成 25 年（11 月 30 日）までの状況

　平成 18 年 5 月 26 日に、「一般社団法人及び一般財団法人に関する法律」、「公益社団法人及び公益財団法人の認定等に関する法律」及び「一般社団法人及び一般財団法人に関する法律及び公益社団法人及び公益財団法人の認定等に関する法律の施行に伴う関係法律の整備等に関する法律」のいわゆる公益法人制度改革三法が可決・成立した。

　公益法人制度改革三法は、明治 29 年に制定された民法に基づく公益法人制度を見直し、従前の社団法人及び財団法人の設立について主務官庁による許可制度を廃止した。そして、法人格の取得と公益性の判断を分離し、次の三点を規定した。

① 剰余金の分配を目的としない社団又は財団について準則主義により法人格の取得を容易にする。

② こうして設立された一般社団法人又は一般財団法人のうち公益認定申請をしたものについて、民間有識者からなる公益判定委員会の意見に基づき行政庁（内閣総理大臣又は都道府県知事）が公益法人を認定する制度として再構築する。

③ 既存の公益法人や中間法人が新たな制度へ円滑に移行するための手続等を定める。

　既存の公益法人は、平成 20 年 12 月 1 日から 5 年間の暫定期間中に、従前保有していた公益事業のための財産を公益目的のために使い切る計画を立て、所管府省に申請し、且つ実施すれば、一般社団法人又は一般財団法人に移行することができる。暫定期間中に、一般社団法人又は一般財団法人に移行しない既存の公益法人は暫定期間の満了に伴い、解散することとなる。もちろん、この暫定期間中にも一般社団法人又は一般財団法人の設立の要件に該当すれば、新規にこれらを設立することができる。また、既存の公益法人又は新規に設立した一般社団法人若しくは一般財団法人は、公益法人認定要件に該当するものと判断されれば、公益社団法人又は公益財団法人となることができる。

ちなみに、公益目的事業に該当するのは、次のとおりである。
① 学術及び科学技術の振興を目的とする事業
② 文化及び芸術の振興を目的とする事業
③ 障害者若しくは生活困窮者又は事故、災害若しくは犯罪による被害者の支援を目的とする事業
④ 高齢者の福祉の増進を目的とする事業
⑤ 勤労意欲のある者に対する就労の支援を目的とする事業
⑥ 公衆衛生の向上を目的とする事業
⑦ 児童又は青少年の健全な育成を目的とする事業
⑧ 勤労者の福祉の向上を目的とする事業
⑨ 教育、スポーツ等を通じて国民の心身の健全な発達に寄与し、又は豊かな人間性を涵養することを目的とする事業
⑩ 犯罪の防止又は治安の維持を目的とする事業
⑪ 事故又は災害の防止を目的とする事業
⑫ 人種、性別その他の事由による不当な差別又は偏見の防止及び根絶を目的とする事業
⑬ 思想及び良心の自由、信教の自由又は表現の自由の尊重又は擁護を目的とする事業
⑭ 男女共同参画社会の形成その他のよりよい社会の形成の推進を目的とする事業
⑮ 国際相互理解の促進及び開発途上にある海外の地域に対する経済協力を目的とする事業
⑯ 地球環境の保全又は自然環境の保護及び整備を目的とする事業
⑰ 国土の利用、整備又は保全を目的とする事業
⑱ 国政の健全な運営の確保に資することを目的とする事業
⑲ 地域社会の健全な発展を目的とする事業
⑳ 公正かつ自由な経済活動の機会の確保及び促進並びにその活性化による国民生活の安定向上を目的とする事業
㉑ 国民生活に不可欠な物資、エネルギー等の安定供給の確保を目的とする事業
㉒ 一般消費者の利益の擁護又は増進を目的とする事業
㉓ 前各号に掲げるもののほか、公益に関する事業として政令で定めるもの

かくして、上記の暫定期間中は、次の法人が並立することとなる。
- イ　期間中に法が定める要件に該当し所要の手続きを経て一般社団法人又は一般財団法人に移行したもの
- ロ　新規に設立した一般社団法人及び一般財団法人
- ハ　暫定期間中に存続している既存の公益法人（これを特例社団法人又は特例財団法人という。）
- ニ　一般社団法人又は一般財団法人から公益認定を受けた公益社団法人又は公益財団法人

(3)　平成25年（12月1日）以降

　暫定期間経過後は、公益社団法人又は公益財団法人と一般社団法人又は一般財団法人が存在することとなる。これらの法人は、一般社団法人○○協会とか公益財団法人○○財団というように、法人の形式・形態を表記しなければならない。

　一般社団法人又は一般財団法人は、公益目的事業の費用の比率が全体の50％以上であるなどの公益認定要件を満たしていて、かつ、国又は都道府県の第三者機関である公益認定等審査会の答申を得て総理大臣又は都道府県知事により認定を受ければ、公益社団法人又は公益財団法人となる。この場合の最大のメリットは、次のような税制上の優遇措置を受けられることである。

① 　一般社団法人又は一般財団法人のうち、法人税法上の非営利型法人の要件を満たしているものは収益事業課税、それ以外の法人は全所得課税となるが、公益社団法人又は公益財団法人の場合には収益事業課税であり、かつ、外形的に収益事業に該当していても公益目的事業として認定された場合には、収益事業から除外され非課税となる。

② 　公益社団法人又は公益財団法人が公益目的事業について寄附を受けた場合には、寄附者である個人又は法人には税制上の優遇措置が講じられる。

③ 　公益法人内部で収益事業等の利益の100％まで非課税の公益目的事業へ寄附をすることができる（みなし寄付金）。一般社団法人又は一般財団法人ではみなし寄付金が認められていないし、寄附を行う個人又は法人についても税制上の優遇措置は認められていない。

2　NPO法人―生い立ちと機能

(1)　NPO法人とは何か

　NPOとは一般的に「NonProfit-Organization」の略であるとされている。広義で

は非営利活動団体のことであり、狭義には非営利での社会貢献活動や慈善活動を行う団体をいうが、NPO法人とは、特定非営利活動促進法に基づき設立された特定非営利活動法人をいう。

　非営利での社会貢献活動や慈善活動は、市民による自発的・自立的な活動として行われ、1990年代に入るとその重要性が国民に徐々に認識されるようになり、特に平成7年1月の阪神淡路大震災に際して、市民活動団体やボランティアによる支援活動が被害者の救済と災害復興に大きな力を発揮したことを契機として、市民活動のための立法措置が新たな政治的課題として浮上した。

　これを受け、紆余曲折を経て、平成10年3月に議員立法により「特定非営利活動法人法」が成立した。その法制度の概要は次のとおりである。

① 市民に開かれた自由な社会貢献活動を行う団体が法人格を取得できるようにして、これら団体の社会的信用を高めるなど、活動基盤を整備し、市民活動が健全に発展することを目的とする。

② 市民活動は、自由かつ多様に展開されることがその活動の源泉であることから、法人格の取得に当たっては、できる限り簡便で、かつ活動の事由を妨げないような方法をとることとし、認証方式を導入する。

③ 市民活動の多様性にかんがみ、認証の所轄官庁をNPOが実施する活動と密接な関係を有する省庁に割り振ることをせず、一つの都道府県の区域のみ事務所を有する団体は都道府県知事に、2以上の都道府県の区域に事務所を有する団体は経済企画庁長官（当時。現在は、内閣総理大臣）とする。

④ 行政庁の監督は必要最小限のものにとどめ、その活動の是非は、団体の私的自治及び団体情報の開示による市民の判断に委ねる。その後、特定非営利活動促進法は大幅に開催され、現在の概要は216ページのチャート図のとおりである。

(2) NPO法人の設立要件

　NPO法により法人格を取得することが可能な団体は、「特定非営利活動」を行うことを主な目的とし、次の要件を満たす団体である。

① 営利を目的としないこと。

② 社員（正会員など総会において議決権を行使できる者）の資格について、不当な条件を付けないこと。

③ 報酬を受ける役員が、役員総数の3分の1以下であること。

④ 宗教活動や政治活動を主目的としないこと。
⑤ 特定の候補者、政党を推薦、支持、反対することを目的としないこと。
⑥ 暴力団でないこと、暴力団又は暴力団の構成員、若しくは暴力団の構成員でなくなった日から5年を経過しない者の統制下にある団体でないこと。
⑦ 10人以上の社員がいること。

3 NPOの現状と課題

(1) 現状

NPO法人は、年々増加を続け、全国の法人認証数の推移は次のとおりである。

平成11年	1,724	平成19年	34,369
平成12年	3,800	平成20年	37,192
平成13年	6,596	平成21年	39,732
平成14年	10,664	平成22年	42,385
平成15年	16,160	平成23年	45,138
平成16年	21,280	平成24年	47,540
平成17年	26,394	平成25年	48,981
平成18年	31,115	平成26年	50,088

＊ この表の数字は、千葉県生活環境部県民生活・文化課の資料による。

また、都道府県において、最近4年間で認証されているNPO法人の数のベスト8は以下のとおりである。

順位	20年度末	21年度末	22年度末	23年度末
1	東京　　（6,200）	東京　　（6,494）	東京　　（6,861）	東京　　（7,247）
2	大阪　　（2,570）	大阪　　（2,700）	大阪　　（2,823）	大阪　　（2,960）
3	神奈川　（2,324）	神奈川　（2,495）	神奈川　（2,675）	神奈川　（2,849）
4	北海道　（1,485）	北海道　（1,590）	北海道　（1,647）	北海道　（1,778）
5	千葉　　（1,407）	千葉　　（1,514）	兵庫　　（1,612）	兵庫　　（1,714）
6	兵庫　　（1,386）	兵庫　　（1,490）	千葉　　（1,603）	千葉　　（1,707）
7	埼玉　　（1,317）	埼玉　　（1,421）	埼玉　　（1,525）	埼玉　　（1,664）
8	福岡　　（1,248）	福岡　　（1,331）	福岡　　（1,434）	愛知　　（1,524）

＊ この表の数字は、千葉県生活環境部県民生活・文化課の資料による。

さらに、特定非営利活動の種類ごとのNPO法人の数は以下のとおりである（複数回答）。

第7章　行政と住民

号数	活動の種類	法人数
第1号	保健・医療又は福祉の増進を図る活動	25,420
第2号	社会教育の推進を図る活動	21,116
第3号	まちづくりの推進を図る活動	19,268
第4号	学術、文化、芸術又はスポーツの振興を図る活動	15,979
第5号	環境の保全を図る活動	13,449
第6号	災害救助活動	3,709
第7号	地域安全活動	5,266
第8号	人権の擁護又は平和の推進を図る活動	7,444
第9号	国際協力の活動	8,769
第10号	男女共同参画社会の形成の促進を図る活動	3,919
第11号	子どもの健全育成を図る活動	18,590
第12号	情報化社会の発展を図る活動	4,293
第13号	科学技術の振興を図る活動	2,401
第14号	経済活動の活性化に関する活動	6,972
第15号	職業能力の開発又は雇用機会の拡充を支援する活動	9,626
第16号	消費者の保護を図る活動	2,691
第17号	前各号に掲げる活動を行う団体の運営又は活動に関する連絡、助言又は援助の活動	20,399

＊　この表は、内閣府のNPOホームページに掲げられている「特定非営利活動法人の活動分野について（2012年3月31日現在）」の中の「定款に記載された特定非営利活動法人の種類（複数回答）」に基づいている。

なお、平成23年6月22日に公布された改正特定非営利活動促進法において、特定非営利活動の種類として次の活動が追加された。

① 観光の振興を図る事業
② 農山漁村又は中山間地域の振興を図る事業
③ 法第2条別表各号に掲げる活動に準ずる活動として都道府県又は指定都市が条例で定める活動

(2) **課題**

① 乱立

　NPO法人は認証制度により比較的容易に法人格を取得することができることから、制度発足以来13年間で、全国で4万件を超える法人が設立されている。その一方で、解散や認証の取消しも増加傾向にあり、総理府のNPOホームペー

ジに掲載されている「特定非営利活動促進法に基づく申請受理数および認証数、不認証数等」によれば、平成24年4月30日現在で、解散数が累計で5,528件に上っており、そのうち1,088件は認証取消によるものである。

　なお、平成15年度から平成23年度までに内閣府が行った認証取消の累計件数153件のうち、最も多い事由は「3年以上にわたって事業報告書等を一切提出していないこと」の120件であり、続いて「特定非営利活動を全く行っておらず、改善命令（事業計画の作成、特定非営利活動の実施等）に違反したこと」の10件、「これ以外の理由によるもの」が4件となっているが、都道府県及び政令市における状況もおおむねこれと同様であるものと推定される。

② NPO法人信頼確保

　NPO法人は、「非営利活動」を行う団体であることを標榜しており、一般社会から好感を得られやすく、その行う事業が公益法人における公益目的事業と共通する部分が多いことから、「公益法人」と誤解されやすい側面もある。このようなNPO法人の制度を「悪用」して、NPO法人制度の本来の趣旨に照らして疑問があると思われる事例も増加しているといわれている。

　例えば、営利企業とNPO法人の住所や役員がほとんど同じで、NPO法人設立の目的がその企業の宣伝効果を意図したものと疑われる場合や、NPO法人の役員・社員が同一業界の経営者のみで構成され、法人の目的もその業界の振興を意図したものと疑われる場合などが挙げられる。また、新聞報道（平成16年10月4日読売新聞）によれば、NPOを偽装して医療機器メーカーを脅した右翼幹部などの例があるように、NPO法人の社会的信頼を逆手にとり、NPO法人を隠れ蓑として利用し、反社会的活動を行ったり、事実上営利目的の運用を行ったりするなど、非公益的活動を行う例が散見されるようになっている。

③ 「行政補完型」NPO法人（＝行政の下請け化）

　NPO法人はその規模が小さく、財務基盤が脆弱なものが多い。活動の資金を広範な市民や企業からの寄付によって賄うのではなく、行政からの補助金や委託事業を含む事業収入に依存することが多いといわれている。加えて、NPO法人の中には、行政からの受託事業による受託費に依存しているものも少なくないといわれている。

　とりわけ、NPO法人の中には公の施設の管理の受託を受けるために設立さ

れたものあり、こうした積極的な「行政補完型」NPO法人のほか、「新しい公共」の担い手としてNPO法人を位置づけるという視点から、多くの自治体においてNPO法人との「協働」を推進するという政策目的に従って、様々な事業を委託することが行われている。

　NPO法人が行う公益活動は行政の行うそれとはイコールではないのであって、むしろ、行政サービスからはみ出した部分を担うところにNPO法人の本領がある。そして、その活動は、寄附とボランティアの参加によって維持されるべきであり、行政からの資金に過度に依存することはNPO法人の独立性を弱めることになる。本来NPO法人は豊かな市民生活を創造するために、寄附とボランティアの参加によって維持されるべきとの立場から、NPO法人の行政の下請け化が進むことは問題であるとして警鐘を鳴らす有力な主張がある。

④　認定特定非営利活動法人制度とその改正

　平成13年にNPO法人支援のために認定NPO法人制度を創設した。これは、市民から広く支持を受けているかどうかを判定するパブリック・サポート・テスト（PST）等の形式的・客観的基準を満たす法人を国税庁が認定し、この認定NPO法人への寄附者は一定の所得控除が、認定NPO法人は法人税の軽減措置（みなし寄附金制度）が受けられることとしたものである。しかし、この制度の利用は僅少であり、総理府によれば、平成23年8月1日現在で、認定法人数は、231法人で全体の0.54％である。

　こうした状況を改善するために、平成23年に特定非営利活動促進法の一部が改正されて、新たな「認定制度・仮認定制度」が採用された。認定を受けるためには、

- 実績判定期間において、PSTを満たしていること。
- 実績判定期間において、事業活動における共益的な活動の占める割合が、50％未満であること。
- 運営組織及び経理が適切であること。
- 事業活動の内容が適切であること。
- 情報公開を適切に行っていること。
- 法令違反、不正の行為、公益に反する事実等がないこと。
- 設立の日から1年を超える期間が経過し、少なくとも2つ以上の事業年度を終えていること。

7 法人（公益法人とNPO法人）

　なお、設立当初のNPO法人、特に設立後5年以内の法人について、財政基盤が脆弱な法人が多いという事実にかんがみ、1回に限り、スタートアップ支援として、PST基準を免除した仮認定（有効期間は3年）により税制優遇を受けられる仮認定制度を導入した。

第7章　行政と住民

チャート図　特定非営利活動促進法（平成10年法律第7号）

【目的】　○手段
○直接目的：市民が行う自由な社会貢献活動としての非営利活動の健全な発展の促進
○究極目的：公益の増進へ寄与

①特定非営利活動を行う団体へ法人格を付与
②特定非営利活動法人の認定制度の設置

【定義】○特定非営利活動　○特定非営利活動法人　○認定特定非営利活動法人　○仮認定特定非営利活動法人

特定非営利活動法人

【通則】
○原則 → 特定の個人・法人等の利益を目的とする事業及び政党のための利用の禁止
○名称の使用制限 → 「特定非営利活動法人」又はこれと紛らわしい名称の使用禁止
○その他事業の実施 → 特定非営利活動事業に支障がない限りその他の事業の実施は可。利益は特定非営利活動に係る事業に使用
○所轄庁 → 主たる事務所の所在地の都道府県知事又は政令市長

【設立】
○認証 → 定款等を所轄庁に提出
○認証の基準 → ①設立手続並びに申請書及び定款が法令に適合していること、②営利を目的としないこと、③宗教的活動、政治活動等を主たる目的としないこと、④暴力団等に該当しないこと等、⑤社員が10人以上　等

【管理】
○社員総会に関する事項 → 社員総会の種類、招集手続き、権限、決議事項等、社員の評決権
○役員に関する事項 → 定数、理事の代表権、業務執行、仮理事、利益相反行為、監事の職務権限、役員の欠格事由
○定款の変更手続き等　○会計の原則　○事業報告書等の備置き、提出、公開等

【解散及び合併】
○解散 → 解散事由、解散の決議、破産の手続き、清算に関する事項等、残余財産の帰属、検査役の選任
○合併 → 合併手続き、合併の効果

監督　○報告・検査 → ○改善命令 → ○設立認証の取消
○暴力団疑惑に係る所轄庁の警視総監又は道府県警察本部長への意見聴取及び警視総監等の意見陳述

認定特定非営利活動法人・仮認定特定非営利活動法人

【認定特定非営利活動法人】
○認定の対象 → 特定非営利活動法人のうち、運営組織及び事業活動が適正であって、公益の増進に資するもの
○基準 → ①広く市民からの支援を受けているかどうかの基準に適合すること、②事業活動における共益的活動の占める割合が50％以下であることなど、7項目の基準にすべて該当すること。
○欠格事由 → ①役員に不適当な者（認定取消法人責任者であった理事等）が含まれている法人、②認定又は仮認定の取消の日から5年を経過していない法人、③国税等の滞納処分が執行されている又は滞納処分終了後3年を経過しない法人等5つの欠格事由のいずれかに該当しないこと。
○名称等の使用制限　○認定の有効期間 → 認定の日から起算して5年
○所轄庁における認定申請の添付書類等の備置き等及び公開　○認定の失効

【仮認定特定非営利活動法人】
○仮認定の対象　○仮認定の基準　○仮認定の有効期間
○認定特定非営利活動法人に係る規定の準用

【監督】
○報告・検査 → ○勧告・命令等 → ○その他の事業の停止命令 → ○認定・仮認定の取消し

税法上の優遇
○法人への寄附者は所得控除と税額控除を選択可能

罰則　○偽りその他不正の手段による認定等を得た者 → 6か月の懲役・50万円以下の罰金　○その他

用 語 索 引

あ
アレフ事件……………………………… 12

い
意見陳述………………………………… 146
遺族基礎年金…………………………… 16
一般財団法人…………………………… 205
一般社団・財団法人法………………… 205
一般社団法人…………………………… 205
一般社団法人及び一般財団法人に関する法律… 207
犬取締条例……………………………… 41
犬のふん害防止条例…………………… 41
医療法人………………………………… 205

う
上乗せ規制……………………………… 67

え
営利法人………………………………… 205
NPM …………………………………… 76
NPO法人 ………………………… 205、209

お
大阪府消費者保護条例………………… 31
公の施設…………………………… 75、163
恩給……………………………………… 15

か
介護認定審査会………………………… 22
介護保険………………………………… 21
介護保険法……………………………… 22
介護保険要介護認定等申請書………… 24
介護予防サービス……………………… 22
介護老人保健施設……………………… 23
学生納付特例制度……………………… 17
囲い屋…………………………………… 28
火葬……………………………………… 48
火葬場…………………………………… 53
学校法人………………………………… 205
神奈川県公共的施設における受動喫煙防止条例… 81
換価……………………………………… 198
官から民へ……………………………… 76
間接補助金……………………………… 137
感染症予防法…………………………… 151
管理委託制度…………………………… 76

き
黄色いハンカチ作戦…………………… 126
規制権限の不行使……………………… 89
喫煙の自由……………………………… 81
狂犬病予防法…………………………… 40
教示……………………………………… 153
行政機関個人情報保護法……………… 184
行政機関の保有する個人情報の保護に関する法律… 184
行政機関の保有する情報の公開に関する法律… 176
行政機関の保有する電子計算機処理に係る個人情報の保護に関する法律… 184
行政事件訴訟法………………………… 151
行政訴訟………………………………… 151
行政代執行法……………………… 81、84
行政手続制度…………………………… 143
行政手続における特定の個人を識別するための番号の利用等に関する法律… 189
行政手続法……………………………… 9
行政不服審査法……………… 20、24、151
行訴法…………………………………… 103
居宅サービス…………………………… 22
許認可…………………………………… 143

け
警察比例の原則………………………… 67
契約事務の流れ………………………… 167
契約自由の原則………………………… 31
激甚災害に対処するための特別の財政援助等に関する法律… 135
検疫法…………………………………… 151
健康増進法……………………………… 79
原子力規制委員会設置法……………… 123
原子力損害の賠償に関する法律……… 118
建築基準法………………… 92、147、163
建築士法………………………………… 147

こ
公益財団法人…………………………… 205

用語索引

公益社団法人	205
公益社団法人及び公益財団法人の認定等に関する法律	207
公益認定法	205
公益法人	205
公益法人制度改革三法	207
公益法人認定要件	207
公共土木施設災害復旧事業費国庫負担法	135
公権力の行使	151
咬傷事故	41
厚生年金保険法	15
公的年金	14
公売	198
公表	81
公表の処分性	32
公文書開示請求書	182
公文書公開条例	176
国税徴収法	195
国民皆保険	193
国民健康保険法	193
国民健康保険料	193
国民年金	14
国民年金法	14
個人情報の保護に関する法律	184
個人情報保護	184
個人情報保護条例	184
個人情報保護法	184
国家賠償	38、89、122、163
国庫補助金	136
子ども・子育て支援法	6

さ

災害救助法	109、115
災害時における特別対応に関する条例	125
災害対策基本法	109、125
災害対策法制	109
裁決書	161
債権放棄	174
再審査請求	155
裁定請求	17
財務会計行為	168
差押え	196
産業廃棄物管理票	58
散骨	56

し

施設サービス	22
事前手続	143
死体埋葬・火葬許可証	52
死体埋葬・火葬許可申請書	52
自治紛争処理委員	106
実施機関	179
指定管理者	163
指定管理者制度	75
自転車の安全利用の促進及び自転車等の駐車対策の総合的推進に関する法律	84
自転車法	84
児童福祉施設の最低基準	8
児童福祉法	2、5
死亡届	48
事務監査請求	168
事務管理	127
氏名公表制度	46
社会福祉法	28
社会福祉法人	205
社会扶助	22
社会保険方式	23
社会保障・税番号制度	188
JAS法	35、125
斜面地建築物の構造の制限に関する条例	92
斜面地マンション	92
住民監査請求	166
住民基本台帳法	10
住民訴訟	166
住民たる地位に関する正確な記録	10
住民登録法	10
住民票	10
住民票コード	11
住民票の不受理	12
重要事項証明書	88
重要事項説明書	33
受動喫煙	79
「受動喫煙防止対策について」（平成22年2月25日付け健発0225第2号厚生労働省健康局長通知）	80
障害基礎年金	16
消費者基本法	35
消費生活条例	35

用語索引

情報公開 …………………………………… 176
情報公開審査会 …………………………… 181
情報公開法 ………………………………… 176
消防法 ……………………………………… 109
食品安全基本法 …………………………… 35
食品安全条例 ……………………………… 35
食品衛生法 …………………………… 35、125
食品衛生法施行条例 ……………………… 35
職権消除 …………………………………… 11
処分 ………………………………………… 143
処分性 ………………………………… 103、141
震災緩和 …………………………………… 125
審査基準 …………………………………… 144
審査請求書 ………………………………… 158
申請に対する処分 ………………………… 143
申請免除 …………………………………… 17
森林法 ……………………………………… 144

す
水防法 ……………………………………… 109

せ
生活保護法 ……………………… 17、28、197
船員保険法 ………………………………… 15
船舶の放置防止に関する条例 …………… 73

そ
即時強制 …………………………………… 74

た
第1号被保険者 ………………………… 15、23
代行制度 …………………………………… 130
第3号被保険者 …………………………… 16
第2号被保険者 ………………………… 16、23
第2種社会福祉事業 ……………………… 28
滞納処分 …………………………………… 193
宅地建物取引業者 ………………………… 88
宅地建物取引業法 ………………………… 89
多頭飼育 …………………………………… 41

ち
地域密着型介護予防サービス …………… 22
地域密着型サービス ……………………… 22
聴聞 ………………………………………… 146
直接補助金 ………………………………… 137

つ
通知の処分性 ……………………………… 74

て
転居 ………………………………………… 11
電子計算組織の運営に関する条例 ……… 184
転出 ………………………………………… 11
転入 ………………………………………… 11

と
東海村臨界事故 …………………………… 120
動物の愛護及び管理に関する法律 ……… 41
独占禁止法 ………………………………… 125
督促状 ……………………………………… 196
特定個人情報 ……………………………… 189
特定個人情報保護評価 …………………… 190
特定住宅瑕疵担保責任の履行の確保等に関する法律 ……………………………… 165
特定商取引に関する法律 ………………… 31
特定非常災害の被害者の権利利益の保全等特別措置法 ………………………… 125
独立行政法人等個人情報保護法 ………… 184
独立行政法人等の保有する個人情報の保護に関する法律 ……………………… 184
都市計画法 ………………………………… 97
届出 ………………………………………… 143

な
長沼町さわやか環境づくり条例 ………… 56

に
2階建て …………………………………… 15
日本年金機構 ……………………………… 18
妊産婦手帳 ………………………………… 2
妊婦自身の記録 …………………………… 3

の
農業振興地域の整備に関する法律 … 97、106
納骨堂 ……………………………………… 53
農振除外 …………………………………… 97
農振法 ………………………………… 97、106
農地転用 …………………………………… 97
農地法 ……………………………………… 98
農用地区域内農地 ………………………… 102
農用地等の保全活用に関する条例 ……… 108

は
廃棄物の処理及び清掃に関する法律 … 44、63
廃棄物の処理の適正化に関する条例 …… 59
配当 ………………………………………… 199
番号制度 …………………………………… 189

219

用語索引

番号法 …………………………………… 188

ひ

非営利法人 ……………………………… 205
非該当 …………………………………… 22
東日本大震災 …………………………… 130
東日本大震災復興特別区域法 ………… 117
被災者生活再建支援法 ………………… 114
非財務事項 ……………………………… 171
避難行動要支援者名簿 ………………… 116
比例原則 …………………………… 67、81
貧困ビジネス …………………………… 28

ふ

不開示情報 ……………………………… 180
ふぐ ……………………………………… 34
ふぐ処理師 ……………………………… 35
ふぐの衛生確保に関する条例 ………… 34
負担付贈与 ……………………………… 133
物件説明書 ……………………………… 88
不服審査前置主義 ……………………… 20
不服申立て …………………… 18、24、181
不服申立制度 …………………………… 151
部分開示決定通知書 …………………… 183
不法係留 ………………………………… 69
不利益処分 ……………………………… 143
プレジャーボート ……………………… 69
プレジャーボートの係留保管に関する条例 … 69

へ

ペットブーム …………………………… 40
ペット霊園 ……………………………… 43
弁明の機会の付与 ……………………… 146

ほ

保育所 …………………………………… 5
保育所入所の不承諾処分が争われた裁判例 …… 8
保育所入所の法的性質 ………………… 6
保育所入所申込書 ……………………… 7
保育所保育指針 ………………………… 8
保育に欠ける …………………………… 5
保育の実施に関する条例 ……………… 6
防災計画 ………………………………… 110
放置自転車対策 …………………… 84、86
法定免除 ………………………………… 17
ホームレス ……………………………… 28
母子健康手帳 …………………………… 1

母子保健法 ……………………………… 1
補助金 …………………………………… 133
補助金交付要綱 ………………………… 139
補助金適正化法 ………………………… 133
補助金等交付規則 ……………………… 133
補助金等に係る予算の執行の適正化に関する法律 ………………………………… 136
墓地 ……………………………………… 53
墓地、埋葬等に関する法律 …… 44、50、56

ま

埋葬 ……………………………………… 48
マイナンバー …………………………… 189
マニフェスト伝票 ……………………… 60

み

民による行政 …………………………… 163

む

無料低額宿泊所 ………………………… 28

よ

要介護 …………………………………… 22
要支援 …………………………………… 22

り

立法の不作為 …………………………… 38
理由の提示 ……………………………… 146
林地開発許可審査基準 ………………… 145

ろ

老人福祉制度 …………………………… 21
老人保健制度 …………………………… 21
労働者年金保険法 ……………………… 15
老齢基礎年金 …………………………… 16

判例年月日索引

昭和 37 年
 12月21日 東京地判 …………………………… 55

昭和 39 年
 7月31日 東京高判 …………………………… 55

昭和 43 年
 12月24日 最判 ………………………………… 54

昭和 45 年
 9月16日 最判 ………………………………… 81

昭和 50 年
 9月20日 最大判（徳島県公安条例事件）… 67

昭和 52 年
 7月13日 最大判（津地鎮祭違憲訴訟）…… 171

昭和 55 年
 3月14日 大阪高判（損害賠償請求控訴事件）………………………… 37
 7月28日 東京高判（摂津訴訟）………… 140

昭和 56 年
 6月26日 東京地判（東京都三角バケツ住民訴訟）……………………… 141

昭和 58 年
 7月20日 京都地判 …………………………… 90

昭和 60 年
 1月22日 最判 ………………………………… 183

昭和 61 年
 7月1日 大阪高判 …………………………… 90

平成元年
 11月24日 最判 ………………………………… 90

平成 2 年
 6月5日 最判（水道企業架空接待経理事件）………………………… 172

平成 9 年
 5月22日 東京高判 …………………………… 104

平成 11 年
 4月22日 最判（配当異議事件）………… 201

平成 12 年
 9月27日 横浜地判（放置船舶移動勧告無効確認請求事件）…………… 73

平成 14 年
 7月9日 最判（宝塚パチンコ事件）……… 47
 9月11日 最判（郵便法違憲判決）……… 122
 10月15日 最判（建物収去土地明渡等、損害賠償等請求事件）………… 172

平成 15 年
 6月26日 最判（アレフ事件）……………… 12

平成 16 年
 11月25日 最判（県複写機使用料事件）…… 171

平成 17 年
 6月24日 最判 ………………………………… 165
 11月30日 横浜地判 …………………………… 165

平成 18 年
 3月10日 最判（個人情報非訂正決定処分取消請求事件）……………… 185

平成 19 年
 1月25日 最判 ………………………………… 165
 11月9日 東京地判（保育所入所不承諾処分取消請求事件）…………… 8

平成 20 年
 2月27日 さいたま地判（農振除外が認められなかった事例）………… 103
 10月29日 奈良地判 …………………………… 165

平成 21 年
 2月24日 名古屋地判 ………………………… 165
 10月30日 京都地判 …………………………… 165

平成 22 年
 1月20日 最判（砂川市有地無償提供違法確認請求事件（空知太神社事件））………………………… 171

平成 23 年
 6月7日 最判（一級建築士免許取消処分等取消請求事件）…………… 147

平成 24 年
 4月20日 最判（大阪市非常勤職員への退職慰労金支給損害賠償請求事件）………………………… 174
 4月20日 最判（神戸市外郭団体派遣職員への人件費違法支出損害賠償請求事件）………………… 174
 4月23日 最判（さくら市公金違法支出損害賠償請求事件）…………… 174

チャート図一覧

国民年金法（昭和34年法律第141号） 19

介護保険法（平成9年法律第123号） 26

大阪府被保護者等に対する住居・生活サービス等提供事業の規制に関する条例（平成22年大阪府条例第61号） 30

ふぐの取扱い等に関する条例（昭和50年千葉県条例第1号） 36

ペット霊園の許可等に関する条例 45

千葉県廃棄物の処理の適正化等に関する条例（平成14年千葉県条例第3号） 68

千葉県プレジャーボートの係留保管の適正化に関する条例（平成14年千葉県条例第41号） 72

神奈川県公共的施設における受動喫煙防止条例（平成21年神奈川県条例第27号） 83

斜面地建築物の構造の制限に関する条例（平成16年横須賀市条例第31号） 95

農地法（昭和27年法律第229号） 105

箕面市災害時における特別対応に関する条例（平成24年箕面市条例第1号） 129

行政手続法（平成5年法律第88号） 147

千葉市情報公開条例（平成12年千葉市条例第12号） 178

特定非営利活動促進法（平成10年法律第7号） 216

〈監修者及び編著者紹介〉

監修

鈴木　庸夫（すずき・つねお）

明治学院大学法科大学院教授・千葉大学名誉教授・弁護士

2004年4月～2013年3月千葉大学大学院専門法務研究科（法科大学院）教授、2013年4月～現在、千葉大学名誉教授、明治学院大学大学院法務職研究科教授

主な著書等：「条例論の新展開」（平成22年1月自治研究）、「大規模震災と住民生活」（平成26年10月公法研究76号有斐閣）、「住民訴訟における「内部法」と「外部法」」（平成26年12月明治学院大学法科大学院ローレビュー21号）、「震災緩和と法治主義」（平成27年2月自治総研436号）、「政策法務論―『政策的』法務論批判」（平成27年12月明治学院大学法科大学院ローレビュー23号）

編著（編集代表）

新保浩一郎（しんぽ・こういちろう）

1983年千葉県庁入庁、ケースワーカーを振出しに、文書課（法制執務）、農地課（小作主事）、産業廃棄物課（企画）、政策法務課（政策法務）、政策法務室長（2011年）、政策法務課長（2012年～2014年）。論文：「自治体における政策法務組織の形成と展望」千葉大学法学論集28巻1-2号（2013年9月、Web公開）、執筆：『政策法務の理論と実践』（加除式、第一法規）第2章「事務管理」関係項目（2015年）、研修講師：政策法務、地方自治制度、文書実務等。日本公共政策学会会員。

ケーススタディ　図解　自治体政策法務
～こんなときどうする　行政課題の解決法

平成28年8月10日　第1刷発行

監　修　　鈴木　庸夫（すずき　つねお）
編　著　　新保浩一郎（しんぽ　こういちろう）
発　行　　株式会社　ぎょうせい

〒136-8575　東京都江東区新木場1-18-11
電話　編集　（03）6892-6508
　　　営業　（03）6892-6666
フリーコール　0120-953-431
URL：http://gyosei.jp

＜検印省略＞

＊乱丁・落丁本はお取り替えいたします。　　印刷　ぎょうせいデジタル㈱

ISBN978-4-324-10191-9　　Ⓒ 2016 Printed in Japan
(5108267-00-000)

〔略号：図解政策法務〕